散策＆観賞 古都鎌倉編

JN068718

鎌倉の成り立ち

　古都鎌倉は、京都・奈良とともに日本を代表する国際観光文化都市と知られる。
鎌倉の歴史は、やはり源氏とのつながりからはじまる。

　平安時代、河内源氏初代棟梁・源頼信の嫡男で、相模守であった源頼
義（988〜1075）（河内源氏二代）が、陸奥守に任じられ出陣、奥州の安倍氏を
滅亡させて「前九年の役」（1051〜1062）の終結戦で勝利する。

　検非違使・平直方が鎌倉に居を構えて以来、この地は桓武平氏の東国にお
ける拠点であった。その後、直方の家人であった源頼義が、直方の娘婿となり、
嫡男の源義家（八幡太郎）（河内源氏三代）（1039〜1106）が生まれると屋敷を
源氏に譲ったという。頼義は長元元年（1028）の「平忠常の乱」で活躍し、平
直方から鎌倉の地を寄進されたともいわれている。鎌倉と源氏の縁の始まりで
ある。

　頼義は、後に、河内源氏の氏神である京都の石清水八幡宮を勧請（祭神
の御分霊を他の場所にも祀ること）して、由比郷鶴岡（現在の材木座の元八幡）
に鶴岡宮（由比若宮）（鶴岡八幡宮の前々身）を創建した。康平6年（1063）8
月のことという。

　源義家は、18年後の永保元年（1081）2月鶴岡宮の修理を行ったともいわれ
る。そして、永保3年（1083）から始まった「後三年の役」を鎮圧し、武神と呼
ばれた。しかし義家の死後、河内源氏は内紛によって都での地位を凋落させ
ていた。都から東国へ下向した源義朝（源為義の長男）（1123〜1160）は、在

伝頼朝坐像（複製）原品：東京都 東京国立博物館蔵
提供：鶴岡八幡宮

地豪族を組織して勢力を伸ばし、再び都へ戻って下野守に任じられる。その後、東国武士団を率いて「保元の乱」で戦功を挙げ、左馬頭に任じられて名を挙げた。天養2年（1145）に義朝が、今の源氏山を背負って東面する寿福寺の辺りに住んでいたという。

平治元年（1159）、後白河上皇と二条天皇の対立から「平治の乱」が起きる。平氏軍等に敗れた源義朝は、東国への脱出を図るが途中で子頼朝とはぐれ、尾張国で殺害された。頼朝も捕まりやはり処刑されるところを、平清盛の継母・池禅尼の嘆願で助命されたとされる。頼朝は伊豆に流され、やがて平氏政権が成立した。

治承4年（1180）、後白河法皇（1127～1192）の第三皇子・以仁王（1151～1180）が平家追討を命ずる令旨を諸国の源氏に発した。伊豆で挙兵した頼朝は、苦戦しながらもかつて父義朝と兄義平（1141～1160）の住んだ鎌倉へ、同年10月入る。そしてしばらく坂東（関東）制圧に勤しむ。この治承4年末までには、四国伊予の河野氏、近江源氏、甲斐源氏、信濃源氏、美濃源氏、鎮西（九州）の豪族らが挙兵して全国各地は動乱状態となる。

寿永2年（1183）春、以仁王の令旨を受けて挙兵していた源（木曽）義仲（1154～1184）（頼朝らの従兄弟）は、平氏との戦いに勝利を続け、7月に平氏一門を都から追い落とした。大軍を率いて入京した義仲は後白河法皇から平氏追討の命を得るが、寄せ集めである義仲の軍勢は統制が取れておらず、朝廷と京の人々は頼朝の上洛を望み、後白河法皇は義仲を西国の平氏追討に向かわせ、代わって頼朝に上洛を要請する。寿永3年（1184）源範頼（1150?～1193）と源義経（1159～1189）は数万騎を率いて京に向かい、義仲を「粟津の戦い」で討つ。さらに、元暦元年（1184）「一ノ谷の戦い」、文治元年（1185）の「屋島の戦い」・「壇ノ浦の戦い」で平氏を滅ぼした。建久元年（1190）、やっと入京した頼朝は、国ごとに「守護」、荘園ごとに「地頭」を置く。

建久3年（1192）3月に後白河法皇が崩御し、同年7月、即位した後鳥羽天皇（1180～1239）によって頼朝は、待望の征夷大将軍に任ぜられ、鎌倉に幕府（1192～1333）を開いた。初の武士による政治がこの時から始まり、19世紀中ごろまで続く武家政権の基盤が作られた。

頼朝（1147～99）は、治承4年10月12日、由比郷鶴岡の鶴岡宮（現在の元八幡）を小林郷北山（現在の鶴岡八幡宮の舞殿付近の地）に遷して「鶴岡八幡宮新宮若宮」とし、武家の都市づくりの中心に据えた。これが、鶴岡八幡宮の現在の地での祭祀の始まりである。後に幕府を開いた頼朝は、幕府の組織を整えるとともに三方が山に囲まれ、南は海に面した要害性の高い地形を活かした都市づくりを開始した。鶴岡八幡宮を中心に、周り国との交通路を確保し、

商業にも力を入れた。寛喜2年（1230）頃になると、幕府は全盛期を迎え、鎌倉は政治、軍事、外交、文化などあらゆる面で日本の中心地となった。そして、幕府の重要祭事として、文治3年（1187）から始められた放生会や流鏑馬、そして文治5年からは相撲、舞楽など今日に継承される祭事を八幡宮境内でとり行った。

建保7年（1219）1月、源氏が第三代将軍実朝（1192〜1219）で絶えた後も、頼朝の妻・政子の実家だった北条氏（得宗の北条義時）が実権を握り、執権政治を行ったことで、京都をしのぐ事実上の首府となった。最盛期には、現在以上の3万人（旧鎌倉町）もの人口を数えたといわれている。

経済の発展に伴って、当時の築港である和賀江島ができてからは舟運の便も出て、中国の宋や元との交易も盛んに行われ、禅宗、禅宗様建築、仏像彫刻、彫漆など様々な中国文化がもたらされた。寛元元年（1243）木製大仏の造立、その後倒壊し、建長4年（1252）青銅製の大仏の鋳造が開始されたという。建長5年（1253）の創建の建長寺や、弘安5年（1282）円覚寺など禅寺の建立が盛んだったのもこの頃である。

元弘3年（1333）に新田義貞（?〜1338）らが北条氏を討ち、鎌倉幕府は滅ぼされた。力のある武士の間で権力をめぐって戦いが続いた後、足利尊氏（1305〜1358）が京都に室町幕府（1336〜1573）を開いた。鎌倉には東国10か国を支配する鎌倉府が置かれ、室町時代にも関東の首都としてそれなりのにぎわいは保たれていたようだ。

そして、室町幕府と鎌倉府が対立。康正元年（1455）、朝敵となった第五代鎌倉公方・足利成氏（1434/1438〜1497）は今川範忠に攻められ鎌倉を放棄、下総国（茨城県）古河に本拠地を移し、「古河公方」を称した。その後しばらく上杉氏が鎌倉を治めていたが、文明9年（1477）上杉氏も、本拠を上野国（群馬県）に移した。以後、鎌倉は衰微の一途をたどり、農業と漁業の村になってしまい、小田原北条氏の興隆とともにその繁栄を小田原に譲った。中世のまま残っている建物は、円覚寺の舎利殿（塔頭正続院の昭堂）や荏柄天神社の本殿（鶴岡八幡宮の若宮の旧本殿）など数少ないものとなっている。

江戸時代には東海道藤沢宿の経済圏に属し、江戸幕府の直轄地として代官所が置かれた。中期以降は江戸幕府第十一代将軍徳川家斉（1773〜1841）による鶴岡八幡宮の造営などがあり、徐々に社寺は復興し、鎌倉は参拝者が訪れる半農半漁の門前町になっていった。また、17世紀後半、徳川光圀（1628〜1701）が『新編鎌倉志』を編んだこともあり、江の島の景色とともに、古都の風格を保った鎌倉を楽しむ江戸の町人も増えてき、寛政9年（1797）には『東海道名所図絵』にも紹介されるなど、鎌倉の「観光地化」は既にこの頃からはじまっ

ていたとされる。

　明治22年（1889）に横須賀線が開通、大正14年（1925）同線電化など東京との時間距離が短縮すると、それ以前から行われていた海水浴が盛んとなり、別荘地や住宅地として、注目されるようになる。明治41年（1908）別荘族の社交クラブとして、「鎌倉倶楽部」が生まれている。大正4年（1915）には、陸奥広吉、黒田清輝など有力別荘族が発起人となり、鎌倉のまちづくりに直接参加していこうと、「鎌倉同人会」が発足している。また、温暖な気候と恵まれた自然、歴史と文化の伝統が気に入り、昭和に入って永井龍男、大佛次郎、川端康成、横山隆一、小林秀雄など鎌倉を好む作家をはじめ、画家・工芸家・学者などが増え、「鎌倉文士」として多くの文化人が居住、滞在した。

　大正時代には、「関東大震災」という大災害に見舞われたが、先人たちの努力で復興した。しかし、この大震災とその復興による市街地の拡大と再生は、鎌倉から別荘地としての性格を失わせていった。御用邸も関東大震災で倒壊し、敷地の大部分は昭和6年（1931）鎌倉町に払い下げられた。しかしながら、常住の地、住宅都市としての鎌倉は、保養ゾーンとして形成されてきた都市骨格や空間環境の上に展開されてきたもので、住宅地としての評価は高かった。

　第二次大戦後は宅地化が著し、多くの歴史的遺産や緑が破壊されたため、昭和41年（1966）には、面積40km²弱の鎌倉市は京都市・奈良市とともに「古都保存法」（古都における歴史的風土の保存に関する特別措置法）を成立させた。そして今日では、東京駅から早い電車で48分の鎌倉は、渋さや情緒を感じさせる一千年の歴史と文化、海・山・花々などの豊かな自然、そして、今の時代にマッチし、さらに時代を先取りした新しいセンスを味わわせてくれる古都として、年間を通じて国内外より延べ2000万人程の人々が訪れている。

目次

地図索引

■小町通り・若宮大路エリア

■大町・名越エリア

■材木座エリア

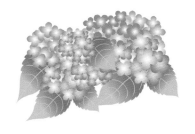

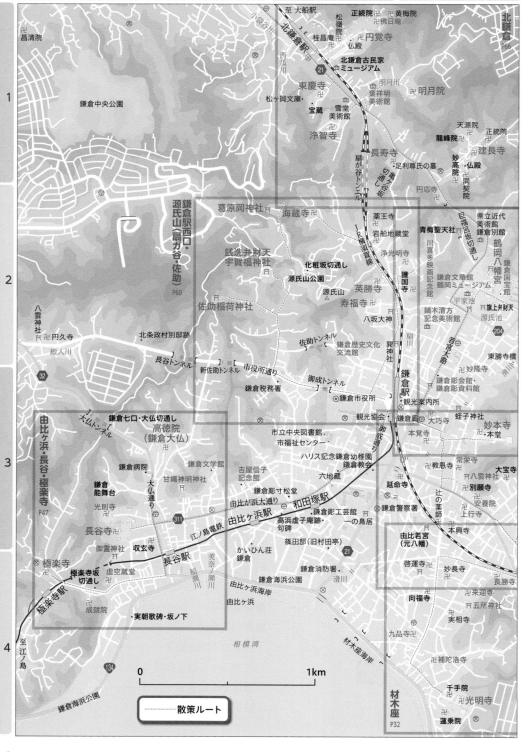

散在ガ池
森林公園

第一横浜霊園

23

半僧坊

十王岩

鷲峰山

太平山

1

卍回春院

卍覚園寺

金沢街道・二階堂・十二所 P37

天台山

八雲神社

来迎寺（西御門）

卍阿弥陀川

鎌倉虚子立子記念館

鎌倉霊園

204

小町通り・若宮大路 P10

永福寺跡

瑞泉寺

鎌倉宮

卍法華堂跡

荏柄天神社

護良親王墓

白旗神社

お宮通り

2

吉沢川

朝夷奈切通し

十二所神社

南御門川

金沢街道

杉本寺

浄妙寺

卍宝戒寺

大御堂川

釈迦堂川

明王院

光触寺

腹切りやぐら

一条恵観山荘

報国寺

滑川

釈迦堂切通し

大町・名越 P26

大町釈迦堂口遺跡
衣張山

松久寺

3

滑川

妙法寺

卍安国論寺

矢木大池

全体図

名越切通

卍法性寺

鷲ヶ岩・岩台庚申塔

池子の森自然公園

名越溜池

311

JR横須賀線

小坪トンネル

岩殿寺

4

至 逗子・横須賀

小町通り・若宮大路エリア

鶴岡八幡宮、若宮大路、小町通りがあり、観光都市鎌倉の中心部。鶴岡八幡宮の大石段を上って楼門前で振り向くと、若宮大路が鎌倉市街を海までまっすぐ貫いているのが分かり、源頼朝の町づくりが今も息づいている。レンタサイクル利用もおすすめのエリアだ。

「若宮大路」は、治承6年（1182）に源頼朝が整備した由比ヶ浜から鶴岡八幡宮への参道で平安京の朱雀大路になぞらえて造成された。若宮大路中央の、一段高い参道「段葛」は、妻北条政子の安産を祈願して、頼朝の指揮のもと、御家人たちが土石を運んで築造したと伝えられている。鶴岡八幡宮の大石段上にある楼門から見下ろすと、道がまっすぐに海に向かっているのが見える。海岸から、寛文8年（1668）の銘をもつ、花崗岩造りの一ノ鳥居（大鳥居）、鎌倉駅から徒歩5分程の二ノ鳥居、さらに鶴岡八幡宮境内入口の三ノ鳥居までは約2kmあり、鉄筋コンクリート造りの二ノ鳥居から三ノ鳥居まで段葛が続く。当初は由比ヶ浜から三ノ鳥居まであったが、室町時代には浜寄りの部分は失われていたという。

「小町通り」は、JR鎌倉駅東口から鶴岡八幡宮まで若宮大路と平行に走る通りで、伝統的な土産物屋からファッショングッズ、鎌倉にしかない店や鎌倉店限定のスイーツ、鎌倉・江ノ島の食材を使用したグルメまで幅広く店があり、ショッピングや食事、カフェなどが楽しめる。でも、他の観光客やお店への迷惑行為となるような「食べ歩き」は、やめときましょう。

源氏の氏神、武士の都・鎌倉の文化の起点
鶴岡八幡宮　地図P11C1　参照P86

八幡神を祀る神社は、全国に4万社以上あると言われる。古くより源氏の氏神とされ、「武運の神」としても全国で信仰された。

平安時代、東北平定を果たした源頼義（988~1075）は、その帰路、鎌倉由比郷に、源氏の氏神である、京都の石清水八幡宮の御分霊を勧請した。それから約120年後の治承4年（1180）、頼義の子孫にあたる源頼朝（1147~99）が鎌倉に入った。しかし、建久2年（1191）3月鎌倉大火により、全て灰燼と化した。頼朝は改めて石清水八幡宮を勧請する為、大臣山の中腹を切り開き社殿の造営をはじめた。同年11月には石清水八幡宮の御分霊が正式に勧請され、若宮及び末社等の遷宮が行われ、今日に続く上下両宮の姿となった。二代将軍源頼家（1182~1204）も白旗神社や今宮（新宮）を造営したという。

頼朝の死後、執権を務めた北条氏をはじめ、足利氏・上杉氏や小田原北条氏、豊臣氏そして徳川氏などの時の権力者も、数多くの焼失を繰り返した社殿の修復に努めた。

現在の若宮（下宮）は二代将軍徳川秀忠が着工し、三代家光の寛永元年（1624）に、

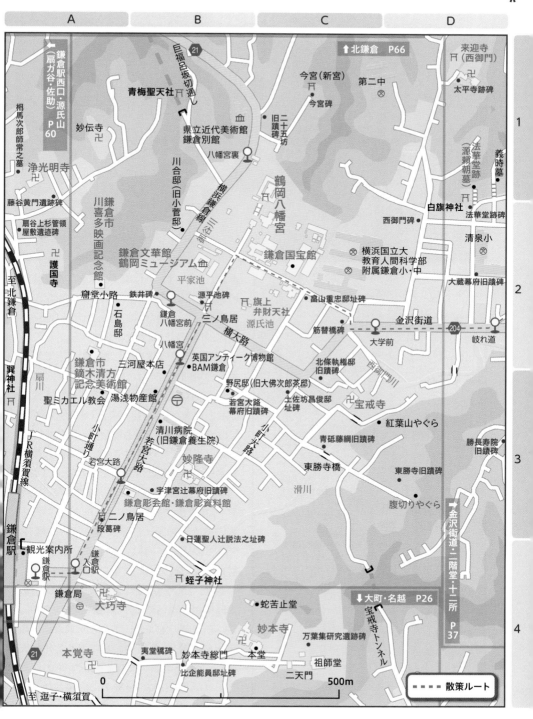

A　　　B　　　C　　　D

1
2
3
4

鎌倉駅西口・源氏山（扇ガ谷・佐助）P60

青梅聖天社
妙伝寺
相馬次郎師常之墓
浄光明寺
藤谷黄門遺跡碑
扇谷上杉管領屋敷遺跡碑
護国寺
至北鎌倉
巽神社

巨福呂坂切通し
県立近代美術館鎌倉別館
川合邸（旧小菅邸）
八幡宮裏
川喜多映画記念館
鎌倉市
鎌倉文華館鶴岡ミュージアム血
平家池
窟堂小路
鉄井小路
石島邸
鎌倉八幡宮前
八幡宮
三河屋本店
鎌倉市鏑木清方記念美術館
聖ミカエル教会
湯浅物産館
小町通り
若宮大路
清川病院（旧鎌倉養生院）
妙隆寺
宇津宮辻幕府旧蹟碑
鎌倉彫会館・鎌倉彫資料館
二ノ鳥居
段葛碑
日蓮聖人辻説法之址碑
観光案内所
鎌倉駅入口
鎌倉駅
JR横須賀線
鎌倉局
大巧寺
本覚寺
至 逗子・横須賀

北鎌倉 P66
今宮（新宮）
今宮碑
第二中
二十五坊
旧蹟碑
鶴岡八幡宮
鎌倉国宝館
源平池碑
旗上弁財天社
源氏池
三ノ鳥居
英国アンティーク博物館
BAM鎌倉
野尻邸（旧大佛次郎茶邸）
若宮大路幕府旧蹟碑
土佐坊昌俊邸址碑
横大路
畠山重忠邸址碑
筋替橋碑
北條執権邸旧蹟碑
西御門川
宝戒寺
紅葉山やぐら
青砥藤綱旧蹟碑
東勝寺橋
滑川
蛇苦止堂
妙本寺
夷堂橋碑
妙本寺総門
比企能員邸址碑
万葉集研究遺跡碑
本堂
祖師堂
二天門

来迎寺（西御門）
太平寺跡碑
義時墓
法華堂跡（源頼朝墓）
白旗神社
法華堂跡碑
西御門碑
清泉小
横浜国立大教育人間科学部附属鎌倉小・中
大蔵幕府旧蹟碑
金沢街道
204
大学前
岐れ道
勝長寿院旧蹟院
東勝寺旧蹟碑
腹切りやぐら
金沢街道・二階堂・十二所 P37
大町・名越 P26
宝戒寺トンネル

0　　　500m

------ 散策ルート

11

鶴岡八幡宮境内図

今宮(新宮)

至建長寺

鶴岡文庫

八幡宮裏
バス停

御谷休憩所

宇佐神宮
遥拝所

丸山稲荷社

車祓所

宝物殿

[親]銀杏
[子]銀杏

祖霊社

舞殿

柳原休憩所

手水舎

流鏑馬場

鎌倉文華館
鶴岡ミュージアム

鶴岡八幡宮前
バス停

茶寮 風の杜

至鎌倉駅方面

本宮(上宮)

楼門

大石段

白旗神社

若宮(下宮)

柳原神池 鶴亀石

由比若宮
遥拝所

鎌倉国宝館

社務所

鶴岡幼稚園

斎館

休憩所

源氏池

政子石

旗上弁財天社

平家池

太鼓橋

三ノ鳥居

神苑ぼたん庭園

横大路

若宮大路

研修道場

0m　　　50m

N

本宮(上宮)は十一代家斉によって文政11年(1828)に修築造営された社殿であるという。江戸幕府による修造は、天保8年(1837)、弘化2年(1845)にも行われている。

　古くは鶴岡八幡宮寺と言われてきて神仏習合の場所であった。明治時代初期には神仏分離令による廃仏毀釈で多くの仏教的な宝物を失うも、明治3年(1870)5月までには現在の社容をみるに至り、時代を問わず篤い崇敬を受け続けてきた。境内一帯は、材木座の元八幡と併せ国史跡となっている。

　本宮(上宮)御祭神は、応神天皇・比売神・神功皇后の三柱。

　応神天皇の子・仁徳天皇を始め、履中天皇・仲媛命・磐之媛命を祀る**若宮(下宮)**は、本宮とともに国重文である。

　さて、三ノ鳥居をくぐると、石の反橋の太鼓橋が、東西に広がる「**源平池**」に架かっている。東の池(源氏池)の南縁が「**神苑ぼたん庭園**」、その中の島に「**旗上弁財天社**」、その社殿裏手に「**政子石**」がある。弁財天は昭和31年(1956)に再建され、現在の旗上弁財天社は、鶴岡八幡宮創建

800年にあたる昭和55年（1980）年に、文政年間の古図をもとに再建されたものという。

西の池（平家池）の南縁に茶寮「風の杜」があり、北縁の畔にあるのが「**鎌倉文華館 鶴岡ミュージアム**」（P17）、その北側に鎌倉文華館 鶴岡ミュージアム カフェ&ショップがある。

太鼓橋横の赤橋を渡り少し進むと東西に走る道、「**流鏑馬馬場**」である。通過すると東に社務所、西が手水舎である。さらに進むと、文治2年（1186）に世に有名な静御前（義経の妾）の唄舞が行われたとされる若宮廻廊跡に建てられた「**舞殿**」（下拝殿）があ

大石段

る。これを東に進むと若宮（下宮）の前に出る。社殿は本殿・幣殿・拝殿からなる流権現造（国重文）。さらに東に、柳原神池を渡ると「**由比若宮遙拝所**」。八幡宮の前身である「**由比若宮（元八幡）**」は、材木座に鎮

政子石（夫婦円満の祈願石）

旗上弁財天社

源平池（平家池）

源平池（源氏池）

鶴岡八幡宮フォトガイド

若宮

神苑ぼたん庭園

祖霊社

白旗神社

鶴岡八幡宮 扁額

若宮大路

鶴亀石

丸山稲荷社

鶴岡文庫

宇佐神宮遥拝所

親銀杏・子銀杏

今宮（新宮）

舞殿（下拝殿）

ビャクシン

イヌマキ

楼門

座する境外末社である。

　さらに、水で洗えば鶴亀のような輝きを出したと伝えられる名石「鶴亀石」を進むと、源頼朝公・実朝公を祀る「白旗神社」がある。正治2年（1200）造営で、上宮の西にあったもので、明治21年に現在地に遷した。天正18年（1590）豊臣秀吉が小田原攻めの後、この社に参詣し、祀ってあった源頼朝像に話しかけたという逸話が残る。

　正面参道の「大石段」に戻る。この石段を上った途中、西の傍らに『「親」銀杏と「子」銀杏』。平成22年（2010）、鎌倉の歴史を見守ってきた御神木は倒伏し、現在は新芽のひこばえが、隣に移植された御神木（「親」銀杏）とともに成長している。倒伏した御神木は、「隠れ銀杏」と呼ばれ、俗説では公暁（鎌倉幕府二代将軍源頼家の子）が、この樹陰に隠れていて「父の仇」第三代将軍実朝（1192～1219）を討ったとされている。

　大石段を上った先にあるのが、東西随神像を安置した楼門がある。楼門扁額に記された八幡宮の「八」は鳩の向き合う形を表しており、これは八幡神の使いが鳩であることにちなんだものという。

　楼門をくぐると本宮（上宮）である。お参り

は楼門内に進み、二礼二拍手一礼。流権現造の社殿は本殿、幣殿、拝殿が縦に並んだ形式で、漆の朱に極彩色の彫刻が見事である。

　本宮の西側廻廊に設けられた「宝物殿」では、鶴岡八幡宮の歴史に関する史料や御神宝を見ることができる。廻廊を含む本宮社殿は国重文。

　さらに境内西南方向の木立の中には、護国の英霊と氏子崇敬者の祖霊を祀る為、昭和24年（1949）に造営された「祖霊社」、さらに北、車祓所東、小高い所には、鶴岡八幡宮では最も古い室町期の社殿（国重文）の「丸山稲荷社」、鶴岡八幡宮本宮西側に、全国にある八幡宮の総本宮である宇佐神宮（大分県に鎮座）をお参りする「宇佐神宮遥拝所」がある。駐車場北には、神社の図書館「鶴岡文庫」があり、さらにその北東の谷戸には、土御門上皇・後鳥羽上皇・順徳天皇の三柱を祀る「今宮（新宮）」がある。承久3年（1221）、後鳥羽上皇（1180～1239）が鎌倉幕府第二代執権の北条義時（1163～1224）に対して討伐の兵を挙げて敗れた兵乱「承久の乱」で、隠岐島に配流され崩御した上皇の怨霊をなだめるため創建したとされる。

　境内若宮の東側の柏槙（ビャクシン）・太鼓橋を越えた東側の槙（マキ）・神苑ぼたん庭園の欅（ケヤキ）各一株は、市天然記念物である。春は牡丹（ボタン）・藤（フジ）・桜、夏は杜若（カキツバタ）・蓮（ハス）、秋は彼岸花（ヒガンバナ）・紅葉・黄葉、冬は正月牡丹などがある。

　鎌倉大仏とともに今日でも言わずと知れた鎌倉の2大名所の一つ「鶴岡八幡宮」は、鎌倉のシンボル的存在で、鎌倉幕府の時代から町づくりや文化の中心である。

鎌倉の情報発信の拠点

鎌倉文華館 鶴岡ミュージアム

地図P11B2　参照P85

　神奈川県立近代美術館の旧鎌倉館を継承したもの。昭和26年（1951）、20世紀を代表する建築家ル・コルビュジエの愛弟子、建築家坂倉準三(さかくらじゅんぞう)(1901~1969)の設計で日本初の公立近代美術館として神奈川県立近代美術館は開館した。

　鶴岡八幡宮の歴史的な環境と見事に調和した建物は、日本の近現代建築の代表として国際的にも有名で、平成11年（1999）にはDOCOMOMO Japan（ドコモモ　ジャパン）（モダン・ムーブメントにかかわる建物と環境形成の記録調査および保存のための国際組織）が選定する日本の近代建築20選にも選ばれた。平成28年（2016）1月をもって旧館での展覧会活動は終了し、同年3月に閉館。その後、旧館は神奈川県指定重要文化財（建造物）に指定された。

　令和元年（2019）6月、新しい使命をもった「鎌倉文華館 鶴岡ミュージアム」として開館。

　鶴岡八幡宮の歴史を軸に、鎌倉の魅力を紹介する季節展示や一つのテーマを掘り下げた特別展を行い、鎌倉の新たな文化発信拠点を目指す。鎌倉武士・鎌倉五山（禅）・鎌倉文士など、鎌倉の歴史に触れることのできる宝物やパネルの展示、映像による鎌倉の四季・文化などの紹介が企画され、神社・寺・史跡・文化施設に赴(おもむ)くための情報発信の拠点としての活動が行われている。

鎌倉の至宝を収蔵する

鎌倉国宝館　地図P11C2　参照P84

　関東大震災をきっかけに文化財保護を目的に昭和3年（1928）4月3日に開館した歴史・美術の博物館。鎌倉市域、近隣の社寺に伝来する彫刻・絵画・工芸・書跡・古文書・考古資料などさまざまな文化財のうち、代表的な作品の多くが寄託(きたく)され、保管・展示をしている。

平常展示「鎌倉の仏像」

鎌倉地方の文化財は、主に鎌倉～室町時代（1185～1568）に制作、または当代の中国、宋・元からもたらされたものが多く、収蔵品は約5,000点にものぼる。中でも平常展示「鎌倉の仏像」ではガラスケースを使わず展示しているので仏像の迫力を肌で感じられる場所となっている。

平成12年（2000）には、奈良東大寺の正倉院を模した「高床式校倉風」に造られた本館が国の登録有形文化財（建造物）に登録され、平成30年（2018）には歴史的風致形成建造物に指定された。

鎌倉時代の寺院建築を模した造りの館内では、入り口の窓に星と月のマークをかたどったステンドグラスがあり、見所となっている。「国宝鶴岡八幡宮古神宝」や「氏家浮世絵コレクションの至宝」等の特別展を年に7回程度開催し、当地に伝わる珠玉の作品を紹介している。

鎌倉国宝館収蔵品

寺社の主な収蔵品は、**鎌倉国宝館**の十二神将立像（12軀のうち巳神）、十二神将立像（12軀のうち戌神）、薬師如来立像。**鶴岡八幡宮**の木造弁財天坐像（旗上弁財天社）、舞楽面（手向山八幡宮）、菩薩面（手向山八幡宮）、国宝「籬菊螺鈿蒔絵硯箱」、国宝「沃懸地杏葉螺鈿太刀」、国宝「沃懸地杏葉螺鈿平胡籙」ら古神宝類などの国宝品。**荏柄天神社**の木造天神坐像、木造天神立像。**建長寺**の木造北条時頼坐像、国宝「蘭渓道隆像」（絵画）、国宝「蘭渓道隆墨蹟　法語規則」、黒漆須弥壇、伽藍神坐像、千手観音坐像、宝冠釈迦三尊像（絵画）、十六羅漢図（8幅のうち）、猿猴図、観音図（32幅のうち）。**円覚寺**の木造阿弥陀三尊立像、前机、佛日庵公物目録、円覚寺境内絵図、青磁袴腰香炉、木造地蔵菩薩坐像、木造明巌正因坐像。**円応寺**の木造初江王坐像、木造倶生神坐像、木造鬼卒立像、木造人頭杖。**壽福寺**の木造地蔵菩薩立像、銅造薬師如来坐像、明庵栄西坐像、喫茶養生記。**浄智寺**の木造韋駄天立像、木造地蔵菩薩坐像。**浄妙寺**の木造阿弥陀如来立像。**明月院**の木造上杉重房坐像、明月院絵図。**常楽寺**の梵鐘（鎌倉三名鐘）。**辻の薬師堂**の薬師三尊及十二神将立像。**九品寺**の石造薬師如来坐像（永仁4年銘）、石造閻魔大王像、石造奪衣婆像。**光明寺**の国宝「当麻曼荼羅縁起絵巻（下巻2巻のうち）」、浄土五祖絵伝。**光触寺**の頼焼阿弥陀縁起、**帰源院**の之庵道貫像（絵画）など。収蔵品・展示品等については鎌倉国宝館に問い合わせをお願いします。

18

提供：鎌倉市観光協会

参道脇の白萩が名高い

宝戒寺　地図P11C3　参照P87

　鶴岡八幡宮前の道を右手に向かうと、突き当りにある。後醍醐天皇（1288～1339）が開基、円観慧鎮（1281～1356）が名目上の開山。今は天台宗寺院。建武2年（1335）、新田義貞の鎌倉攻めにより滅んだ北条一族の霊を弔うため、後醍醐天皇が足利尊氏（1305～1358）に命じて十四代執権北条高時旧居跡に建立させたといわれる寺号円頓宝戒寺で、「建武の新政」の後も足利氏の庇護を受けていた。宝戒寺として寺容が整うのは、二世惟賢（普川国師）（1284～1378）により文和3年（1354）という。康正元年（1455）の鎌倉の大乱で堂宇は破壊された。戦国時代には小田原北条氏の保護を受け、江戸時代には、天海僧正が維持相続に尽力したというが、江戸時代末期には荒廃したという。

　大正期の関東大震災で、元禄16年（1703）建立の本堂、天保元年（1830）建立の客殿・太子堂などが崩壊した。

　昭和6年（1931）再建の本堂奥中央の本尊は、子育経読地蔵として信仰される木造地蔵菩薩坐像（国重文）で、鎌倉二十四地蔵尊の礼所第一番とされている。関東大震災後に地蔵菩薩の修理がされたとき、内部から出てきた記録で京都の三條法印憲円が貞治4年（1365）に作ったものだと分

かった。本尊の御前立、地蔵菩薩立像は、通称「唐仏地蔵」と呼ばれている。

　また、本堂奥左手には、仏母准胝観世音が安置され、鎌倉三十三観音霊場第二番である。

　境内右に、聖徳太子を祀った太子堂がある。毎年1月22日、この堂の前に鎌倉の諸職人が集まり聖徳太子講が行われる。聖徳太子は仏教の教えを積極的に取り入れ、法隆寺などの寺院を建立したが、それに伴って新しい建築技術や工芸の技法が我が国に次々と伝えられることになった。こうしたことから、聖徳太子は職人の祖として古くから信仰されてきたのである。聖徳太子堂奥が、鎌倉幕府第十四代執権北条高時（1303～33）を祀る、徳崇大権現堂である。鎌倉幕府が滅びた毎年5月22日には北条氏鎮魂のため「大般若経転読会」が行われる。

　花の名所としても知られ、春は桜（サクラ）や白木蓮（ハクモクレン）、躑躅（ツツジ）、夏は百日紅（サルスベリ）や睡蓮（スイレン）、秋は萩（ハギ）や彼岸花（ヒガンバナ）や杜鵑草（ホトトギス）、冬は梅（ウメ）・椿（ツバキ）など、四季折々の花によって境内が彩られる。特に初秋に咲く参道脇の白萩が有名で、「萩の寺」としても知られる。

鎌倉幕府滅亡の地

腹切りやぐら　地図P11D3　参照P86

　鎌倉幕府、北条得宗家滅亡の地は、東勝寺跡の裏にある。幕府滅亡時に追い込まれて自刃した北条高時はじめ北条一族、幕府の主要御家人・家臣など870余名の墓所である。

　元弘元年（1331）、後醍醐天皇（1288～1339）は倒幕の兵を挙げた。護良親王（?～1335）や楠木正成（?～1336）がこれに応じて

挙兵。一度は幕府軍に敗れ、後醍醐天皇も捕らえられたが、潜伏していた護良親王、楠木正成が翌元弘2年(1332)に再び挙兵、倒幕の流れは全国に波及し、赤松則村(1277~1350)、足利尊氏(1305~1358)、新田義貞(?~1338)などが倒幕軍に加わり、幕府軍を鎌倉に追いつめた。元弘3年(1333)5月22日、いよいよ最期を悟った北条高時らは、執権北条氏の菩提寺である東勝寺へ逃げ込み、寺に火を放ちこの地で自害した。この北条高時をはじめとする一族郎党の菩提を弔うために作られたのが「腹切りやぐら」である。

「やぐら」は、鎌倉地方に見られる、中世の上流階級の墳墓。山の斜面などに横穴を掘り、そこに火葬した遺骨を納めるとか、五輪塔などを置いて供養をしている。

源頼朝墓を中心とする史跡
法華堂跡(源 頼朝墓)

地図P11D1 参照P87

　現在、墓のあるあたりに、かつては源頼朝(1147~99)の持仏堂があり、頼朝の死後は法華堂と呼ばれた。急な石段を登った広場にその遺構(国史跡旧法華堂跡)がある。墓の層塔は、安永8年(1779)に、頼朝の子孫と称する薩摩藩主島津重豪により大御堂(勝長寿院)から移されたものといわれ、法華堂跡として周囲の山も含め国指定史

跡となった。現在の層塔は復元されたもの。江戸時代末までは、当所に、寺としての頼朝の法華堂があり、鶴岡八幡宮寺の供僧相承院が兼務していたが、明治の神仏分離令により明治5年(1872)、墓前に白旗神社が建立される。なお、鶴岡八幡宮境内にも源頼朝・実朝を祀る同名の神社がある。

　平成17年(2005)に行われた発掘調査の結果、令和4年(2022)NHK大河ドラマ主人公、鎌倉幕府二代執権北条義時の墓も法華堂跡とされ、頼朝の墓に上がらず、山裾の細い道を辿り、左の石段を登ったところが、義時の法華堂跡である。

鎌倉で最も美しい仏像に会える
来迎寺(西御門)

地図P11D1 参照P87

　永仁元年(1293)の鎌倉大地震で亡くなった村民を供養するため、一向(1239~87)によって創建されたと伝える。開山は、時

宗の開祖の一遍(1239～89)ともいう。

西御門という地名は、源頼朝(1147～99)が開いた大倉幕府(現在の清泉小学校の校地周辺)の西門があったことからその名が付けられた。

本堂に本尊阿弥陀如来像。客仏として如意輪観世音菩薩、岩上地蔵菩薩(厳上地蔵菩薩)、跋陀婆羅尊者が祀られている。

客仏の三体は、源頼朝の持仏堂の後身である法華堂(現在の源頼朝の墓所付近)等に安置されていたが、明治初年の神仏分離令を機に来迎寺へ移されたという。

本尊阿弥陀如来は、鎌倉十三仏霊場第十番で極楽浄土に坐ます仏様であり、時宗は阿弥陀如来を本尊に仰ぐ。

旧法華堂本尊の**如意輪観世音菩薩半跏像**は、鎌倉三十三観音霊場第五番で女性の守り本尊・安産の守護尊。「鎌倉で最も美しい仏像」と言われ、古来、特に女性から篤く信仰されている。

如意輪観音は片膝を上げ、そこに肘をかけて指先を頬に当てている思惟の姿。「如意」とは福をもたらす如意宝珠のことで、「輪」は煩悩を打ち砕く法輪を指している。また、鎌倉独特の方法で、数体しか現存しない土紋装飾が施された仏像である事にも注目だ。

岩を模した台座の上に坐している地蔵菩薩坐像(岩上地蔵菩薩)は、旧報恩寺本尊

で鎌倉二十四地蔵霊場第二番。造像上の特徴としては、「法衣垂下」が挙げられる。法衣垂下とは、14～15世紀の鎌倉を中心に、特に禅宗の仏像に大流行した様式で、衣を八の字に開き、裾を台座から真下に垂らした形だ。中国宋時代の仏像の影響を大きく受けたものとされ、永徳4年(1384)宅磨浄宏によって造立された像である。

旧報恩寺蔵の跋陀婆羅尊者立像は、浴室で水により悟りを開かれた仏。古くから頭・目・肩・腰・脚の病の治癒にご利益があると篤く信仰されており、草鞋を編んで奉納される方もいる。

海と山の自然豊かな鎌倉に魅了された画家たち
鎌倉市鏑木清方記念美術館
地図P11A2　参照P84

近代日本画の巨匠・鏑木清方(1878～1972)の旧居跡に建つ美術館。東京神田に生まれた清方は、幼い頃から文芸に親しんで育ち、その画業のはじまりは挿絵からであり、やがて展覧会を活動の場とする日本画家となり成功を収める。のちに肉筆画に向い、清らかで優美な女性の姿や、生き生きとした庶民生活、肖像、愛読した樋口一葉や泉鏡花などの文学を主な題材として描かれた作品が多い。

鎌倉とのゆかりは、昭和21年(1946)に

戦争により自宅を焼失していたため、疎開先の静岡県御殿場から材木座に居を移した時から。昭和29年（1954）文化勲章受章の年より、ここ雪ノ下に画室をもうけ、93歳で亡くなるまでの間を過ごした。そして清方門下の伊東深水（1898～1972）も、同24年（1949）に疎開先の長野県小諸から鎌倉・山ノ内へ居を移し、月白山荘と名付けた画室で制作活動を行った。

清方は晩年、自らの境地を「市民の風懐にあそぶ」と称して、若き日に過ごした明治の東京に郷愁の念を感じさせる作品を多く手がけた。他にも情趣あふれる日本画作品、また典雅な文体による随筆も多く残している。

平成6年（1994）、遺族から美術作品・資料と土地建物が鎌倉市に寄贈され、平成10年（1998）4月に記念美術館として開館した。

入口の格子戸の門や館内の画室は、清方の旧雪ノ下宅の部材をそのまま使用して復元し、旧宅の雰囲気を伝えている。また、年間8回の展覧会を行い、一年を通して様々な作品を展示している。

清方はじめ、近代の画家たちは、海と山が近く自然豊かな鎌倉に魅了され訪れている。

洋画家では、黒田清輝が明治末に材木座に別荘を構え、付近の風景に取材した作品を残している。久米桂一郎など清輝の友人・知人の画家たちも訪れた。大正末には岸田劉生が、藤沢の鵠沼から鎌倉の長谷に移り住み、終生当地で暮らした。

日本画家では、昭和13年（1938）に小倉遊亀が北鎌倉へ転居し、翌14年には前田青邨が鶴見から静かな地を求め北鎌倉・山ノ内へ移り住んだ。青邨門下では、守屋多々志が翌年同じく山ノ内に居を構え、昭和26年（1951）に太田聴雨が同地に移り住み、やがて同47年（1972）に平山郁夫が二階堂に画室を構え、終生暮らした。

鎌倉の風情と世界の映画を楽しめる
鎌倉市川喜多映画記念館

地図P11A2　参照P84

東京で生まれた川喜多長政（1903～1981）は、大正10年（1921）に中国に渡り北京大学で学んだ後、ドイツへ留学。国際交流の重要性を学んだ。帰国後の昭和3年（1928）に東和商事（現在の東宝東和）を設立し、ヨーロッパ映画を日本に紹介する輸入を始める。翌年、かしこ（1908～1993）と結婚。二人でヨーロッパを回り、「巴里祭」・「会議は踊る」・「民族の祭典」をはじめとする数々の名作映画を輸入・配給した。

第二次大戦後も、「第三の男」・「天井桟敷の人々」・「肉体の悪魔」・「禁じられた遊び」・「フレンチ・カンカン」・「居酒屋」やチャッ

プリン主演の映画などを配給し、多くの作品がヒットした。

　国際的な文化交流にも力を入れ、昭和26年（1951）のヴェネチア国際映画祭では黒澤明監督「羅生門」の出品に協力し、グランプリを獲得し、日本映画を世界に知らしめた。以後もかしこと共に海外の映画祭に出席し、国際的映画人として知られた。

　記念館は、映画の発展に大きく貢献した川喜多長政・かしこ夫妻の旧宅跡に、鎌倉市における映画文化の発展を期して、平成22年（2010）4月に開館した。

　記念館では、常設展示と企画展示を行い、常設展示では、川喜多夫妻の紹介やゆかりの品や映画資料の展示、企画展示では、俳優や監督、映画史、あるいは私たちの生活や季節との関わりなど、テーマに沿った映画関係の資料を展示をしている。映像資料室では、映画上映をはじめとし、講座・講演会やワークショップなども年間を通じて開催する。また、映画関連資料の閲覧やWeb検索もできる。

　建物は平屋建ての和風建築で、数寄屋造りのイメージを表現し周囲の環境に調和している。板塀もかつての面影をそのままに復元して、展示室の明るく広い開口部からは緑豊かな庭園も眺められ、古都鎌倉の落ち着いた雰囲気をかもし出している。

長寿の神・寿老人
妙隆寺　地図P11B3　参照P87

　一帯は鎌倉幕府の有力御家人だった千葉常胤の子孫・胤貞（1288～1336）の別邸跡と伝えられ、一般には「千葉屋敷」とも呼ばれている。

　妙隆寺は、千葉氏が祖先追福のため、千葉胤貞を開基とし、至徳2年（1385）七堂伽藍を建立して創建し、中山法華経寺の日英（1346～1423）を開山に迎えたと伝えられる。そして、日蓮宗派の一つ、鎌倉における中山門流の中心となった。本尊は日蓮上人像・釈迦牟尼仏。

　日英の甥といわれる二世日親（1407～88）は、百日の水行をし、生爪をはがし、木綿針で刺し、その血を混ぜた水で墨をすり曼荼羅を描いたという傑僧で、永享11年（1439）、『立正治国論』を室町幕府第六代将軍足利義教（1394～1441）に建白したが、捕らえられ灼熱の鍋を被らされたという。

　宝物に、日蓮・日英・日親の上人像を合わせた木造妙隆寺祖師高僧像3躯（市文化財）、日祐・日英・日親の曼荼羅、千葉胤貞の念持仏と伝えられる木造釈迦如来像がある。本堂横には「鍋かむり日親」が水行したとされる池「行の池」が残されている。

　墓地には、新劇の団十郎といわれた俳優丸山定夫の供養碑がある。昭和20年

（1945）8月6日に広島に投下された原子爆弾により他の劇団員と共に被爆し、丸山は同月16日死亡した。

日蓮法華経の教えを熱心に説いた辻説法跡のすぐ近くにある日蓮宗の小さな寺院で、鎌倉七福神の寿老人を祀る。春には桜（サクラ）、夏には百日紅（サルスベリ）や芙蓉（フヨウ）が見事だ。

木彫漆塗りの世界
鎌倉彫会館・鎌倉彫資料館
地図P11B3　参照P85

鎌倉彫は中世以来鎌倉で続けられてきた伝統工芸。木に文様を彫刻し、その上から漆を塗った工芸品をいう。起りははっきりしないが、13世紀末〜14世紀にかけて中国から盛んに輸入されていた彫漆類の形にならって作った木彫りの仏具が初期の作品と思われる。建長寺の須弥壇など鎌倉彫にかなり近いものといわれている。その後、茶道の普及に伴ってこの工芸品は鎌倉物と

して珍重され、仏具に代わって硯台などといった風雅な器物となり、現在では器やお盆など実用的なものも多く製作されている。

鎌倉彫会館3Fの鎌倉彫資料館は、鎌倉彫の歴史や作品を紹介する唯一のミュージアム。年に数回、特別展や企画展、イベントなどを催す。

常設展では、約800年の歴史を誇る伝統工芸鎌倉彫の作品及び資料約50点の展示や制作工程をまとめた10分ほどの映像も常時上映、室町時代〜現代までの名品をゆっくり堪能できる。

2Fと4Fの文化教室では、鎌倉彫を基礎から学ぶことができ、、オリジナルの作品を創りあげる体験ができる。

安産の神「おんめさま」
大巧寺　地図P11A4　参照P86

鎌倉駅東口から最も近い寺院で日蓮宗の単立寺院。開山は日澄（1441〜1510）。もとは大行寺という真言宗寺院であったが、源頼朝（1147〜99）がこの寺で軍の評議を行い、大勝したことから、大巧寺と名を改めた。日蓮が妙本寺にいた時、当時の住持が帰依して文永11年（1274）改宗という。

本尊に産女霊神「おんめさま」が祀られ、安産を願う人々に信仰されている。これは五世日棟が、天文元年（1532）、難産の末

提供：鎌倉市観光協会

亡くなった産女の幽魂を鎮めたところから起こったとされる。

　寺伝によれば、天文元年に日棟が比企ヶ谷（ひきが たに）にある祖師堂（そし どう）にお参りするため、朝暗いうちに滑川（なめりかわ）の橋を渡ると、一人の女が川原で泣き苦しんでいました。女は髪の毛がぼさぼさ状態で、血だらけの着物を着ていて、痩せ細った赤ん坊を抱いていました。女は「私は大倉に住んでいたもので、難産で死んでしまいました。毎日この川を渡ろうと思うのですが、水が汚い血になって深さが分からず、そのうえ子供が乳房に吸いついて泣くので、苦しくてたまりません。どうかお助けください。」そこで日棟は仏の教えを聞かせ、それを信じてお経を唱えれば、必ず苦しみは無くなると告げ、お経を読むといつのまにか女の姿は消えておりました。後日、女が再び現れお礼を述べ、「自分が生きている間にためたお金で塔を建てて、お産で苦しむ人を救ってください。」と言ったそうだ。上人はその気持ちに感心して　「塔を建てて、あなたを産女霊神として祀りましょう。」と約束したいう。

　本堂・庫裏などは昭和初期の再建。

　境内では、春は梅（ウメ）・木瓜（ボケ）、夏は蓮（ハス）、秋は紫式部（ムラサキシキブ）の実、冬は椿（ツバキ）など四季折々の花が楽しめる寺である。

商売繁盛のご利益
本覚寺（ほんがくじ）　地図P11A4　参照P87

　一乗日出（いちじょうにっしゅつ）（1381～1459）を開山として永享（えいきょう）8年（1436）に創建と伝える。第四代鎌倉公方・足利持氏（1398～1439）が、鎌倉幕府開幕の際に建てられた天台宗の夷堂（えびすどう）があった場所に寺を建て、日出に寄進し日蓮宗と改めた寺院という。文永（ぶんえい）11年（1274）

提供：鎌倉市観光協会

佐渡流罪（さどるざい）を解かれ鎌倉に戻った日蓮（にちれん）（1222～82）は、この夷堂に滞在して布教（ふきょう）を再開した。その後、甲斐国（かい）の身延山（みのぶさん）に入って久遠寺（くおんじ）を建立し本格的に日蓮宗の布教を行ったという。

　二代目住職が日朝（にっちょう）（1422～1500）であったことから「日朝さま」という名で親しまれている。

　また、日朝が身延山から日蓮の骨を分けたので「東身延」とも呼ばれている。そして、小田原北条氏や徳川氏から寄進を受け保護されてきた。

　境内中央の本堂（大正期建造）に、三宝祖師像（本尊）、御前立（おまえだち）として南北朝時代の釈迦（しゃか）三尊像や日蓮像、日朝像が安置されている。本堂右手に祖師日蓮の分骨堂があり、本堂前方には、応永（おうえい）17年（1410）銘の梵鐘（ぼん しょう）・夷堂（えびすどう）・仁王門（江戸期建造）が並んでいる。夷堂自体は明治の神仏分離令で近くの蛭子神社（ひるこ）に移されたが、昭和56年（1981）、新たに夷堂が再建された。他にも境内墓地には、刀工・正宗の墓と伝えられるものがある。

　境内では、春は紅梅（コウバイ）・染井吉野（ソメイヨシノ）、夏から秋にかけては凌霄花（ノウゼンカズラ）が楽しめ、9月には樹齢100年以上の百日紅（サルスベリ）が咲く。

　鎌倉江の島七福神（夷神）、鎌倉十三仏霊場第三番（文殊菩薩（もんじゅ ぼさつ））。

大町・名越エリア

鎌倉時代は商業の中心地だった大町、海が近いこともあり、のんびりとした風情が今も残る。
旧東海道の道筋にあたる大町大路を散策すると、日蓮ゆかりの寺が多く、日蓮宗の布教の足
跡をたどることもできる。

大町・材木座と三浦半島を往来する古道の 趣 を残す、鬱蒼とした「名越切通」を巡るのも、
歩行に自信がある方にはおススメ。

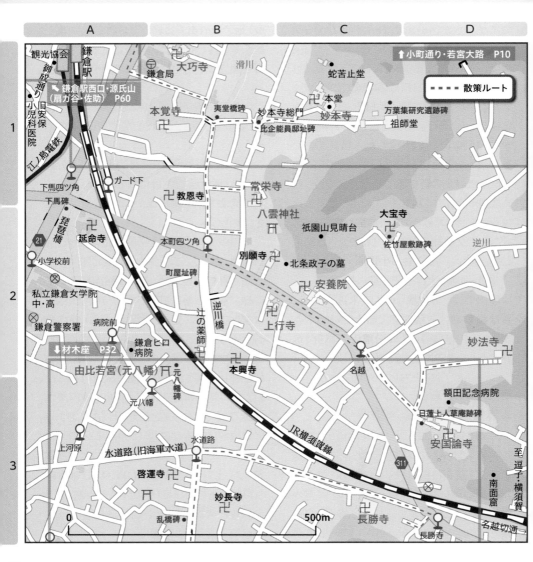

凡例

- ↑ 小町通り・若宮大路　P10
- ---- 散策ルート

主な地名・施設：
観光協会、御成通り、鎌倉駅、鎌倉駅西口・源氏山（扇ガ谷・佐助）P60、旧安保小児科医院、江ノ島電鉄、鎌倉局、大巧寺、滑川、蛇苦止堂、本覚寺、夷堂橋碑、妙本寺総門、本堂、妙本寺、万葉集研究遺蹟碑、祖師堂、比企能員邸址碑、下馬四ツ角、ガード下、下馬碑、琵琶橋、21、延命寺、小学校前、教恩寺、常栄寺、八雲神社、大宝寺、祇園山見晴台、本町四ツ角、別願寺、北条政子の墓、佐竹屋敷跡碑、逆川、私立鎌倉女学院中・高、町屋址碑、安養院、鎌倉警察署、逆川橋、辻の薬師、上行寺、妙法寺、病院前、鎌倉ヒロ病院、↓材木座 P32、由比若宮（元八幡）、元八幡碑、本興寺、名越、元八幡、額田記念病院、上河原、水道路、水道路（旧海軍水道）、JR横須賀線、日蓮上人草庵跡碑、安国論寺、啓運寺、311、妙長寺、乱橋碑、長勝寺、南面窟、至 逗子・横須賀、名越切通、0、500m

上下ともに提供：鎌倉市観光協会

日蓮宗最古級の寺院
妙本寺 （みょうほんじ）　地図P26C1　参照P87

　比企一族の菩提寺、長興山妙本寺と号する。長興は比企能員（ひきよしかず）（?～1203）、妙本はその室の法名（ほうみょう）と伝える。

　日朗（にちろう）（1245～1320）（妙本寺の見解では日蓮）を開山として文応（ぶんおう）元年（1260）に創建。もとは比企能員の屋敷で、建仁（けんにん）3年（1203）比企一族が、北条氏を中心とする大軍に攻められ、滅ぼされた地でもある。（比企の乱）その後、能員の末子・比企大学三郎能本（よしもと）（1202～1286）（開基）が日蓮のためと比企一族の霊を弔うためお堂（法華堂）（ほっけどう）を建てたのが始まりといわれる。

　戦国時代、その後も小田原北条氏、江戸幕府の保護をうけてきた。

　昭和16年（1941）まで、代々住職が東京池上本門寺と兼帯してきたが、第二次大戦後の昭和22年（1947）に分離したという。

　総門から緑深い参道を進み、石段を上がると二天門。入ると右に「一幡之君袖塚」（いちまんのきみそでづか）。

　一幡は二代将軍源頼家（よりいえ）（1182～1204）と比企能員の娘讃岐局（さぬきのつぼね）の子で、比企一族と共に没した時焼け残った一幡の袖を埋めたとする。境内の右側に比企一族の墓とする五輪塔もある。そして、祖師堂・本堂・客殿・宝蔵・庫裏などが境内にある。

　正面奥の大きな屋根の祖師堂には、日法（にっぽう）（1258～1341）が作った、日蓮の生前の姿をうつした三体の像（久遠寺・池上本門寺）の一つといわれる座像、右脇に日朗、左脇に日輪が安置されている。現在の十二間四面の祖師堂は、天保（てんぽう）年間（1830～1843）の妙本寺第四十七世・日教の時に建立されたもので、鎌倉では最大規模の大きさを誇る堂という。

　奥の高いところにある蛇苦止堂の蛇苦止明神は、比企の乱で悲劇の入水をした讃岐局（じゃくしどう）（一幡の母）の霊が、北条政村（ほうじょうまさむら）（のちの七代執権）（1205～73）の女（むすめ）にとりついて苦しめたのを、後に政村が慰め祀（なぐさ）ったとされる。

　墓地には、詩人・田村隆一、小説家・林不忘（ふぼう）が眠る。

　他の見どころは、竹御所跡、田辺松坡漢歌碑（しょうは）、万葉集の校訂研究跡「仙覚律師之碑」（せんがくりっし）など。春には桜（サクラ）と海棠（カイドウ）・著莪（シャガ）、夏には凌霄花（ノウゼンカズラ）、秋には紅葉の美しい所として知られ、鎌倉の市街地にあって、駅からも余裕の徒歩圏内でそのひっそり感は印象深い。

鎌倉の「ぼたもち寺」
常栄寺 （じょうえいじ）　地図P26B1　参照P86

　寺伝によれば寺が建つ場所は、かつて源頼朝（みなもとのよりとも）（1147～99）が由比ヶ浜を遠望するため桟敷（さじき）を設けたといわれる。また、この地に住んでいた兵衛左衛門尉祐信（印東三郎左衛門祐信）（さじきに）の妻・桟敷尼（比企能員室の妹という）が、文永8年（1271）の龍ノ口法（たつのくちほう）

難の折、処刑場に引かれていく日蓮（1222
~82）にぼたもちを作って献上したところ、こ
のぼたもちのおかげで、日蓮を助ける奇蹟
が起こったという故事から「御首継ぎに胡麻
の餅」として有名になり、「ぼたもち寺」と呼
ばれるようになったという。天正期（1573~
1592）頃、大窪保広なる者が桟屋敷をこの
地に寄進したという。

　寺は、こうしたいわれのある場所に、開
山を紀州 徳川家の家臣・水野淡路守重良
の女・慶雲院日祐として、池上本門寺・比
企谷妙本寺両山第十四世の自澄院日詔が、
慶長11（1606）に一宇を建立し、宝篋
堂檀林（僧侶の学問所）としたという。元禄
2年（1689）、二十二世日玄が檀林を池上
本門寺に移したが、慶雲院日祐が講堂を再
建したという。桟敷尼の法名を「妙常日栄」
といい、寺号はこれをとったという。

　赤い門前が特徴的な常栄寺境内には、ぼた
もちと日蓮の逸話が掲載されており、早
春の梅（ウメ）、春の著莪（シャガ）・躑躅（ツ
ツジ）も見事である。他に、桟敷尼・左衛門
尉裕信の墓などがあり、「ぼたもち供養」が
法難のあった9月12日に行われる。

鎌倉の厄除けの神社
八雲神社 　地図P26B2　参照P87
　後三年の役の際、源義家の弟・新羅三郎

義光が、奥州に赴く途中で鎌倉に立ち寄っ
た際、疫病が流行っていたため、京都の祇
園社の祭神を勧請したのが起源という。永
保年間（1081~1083）に創建された、鎌倉
で一番古い厄除神社として知られる。

　室町時代の応永年間（1394~1428）に
は、佐竹屋敷の祠が合祀され、「佐竹天王」
とも称され、小田原北条氏にも保護された。
江戸時代慶長9年（1604）3月には徳川家
康より朱印地も寄進され、「祇園さま」として
尊崇された。

　明治の神仏分離令により、鎌倉祇園社（祇
園天王）から八雲神社に改称。現在の社名
は、祭神の須佐之男命が詠んだ最古の和
歌「八雲立つ　出雲八重垣妻籠みに　八重
垣作る　その八重垣を」に因むものとか。

　「八雲さん」、「お天王さん」の愛称で親し
まれている大町の鎮守である。

　大正期関東大震災で社殿が倒壊、現在の
社殿は昭和5年（1930）7月に竣工したもの。

　清らかな雰囲気の参道と旧村社の雰囲気
が残る境内。御神木の足元にはご利益があ
るとされる「新羅三郎の手玉石」や、寛文
10年（1670）銘の庚申塔があり、みどころ。
参道には奉納された厄除け祈願の幟が並
び、また神社の境内の裏手は祇園山ハイキ
ングコースの入口になっている。毎年7月に
行われる「大町まつり」は、鎌倉に900年伝
わる大祭で大勢の人でにぎわう。

北条政子ゆかりの寺
安養院　地図P26C2　参照P84

　もとこの地には尊観（1239~1316）が開いた浄土宗の善導寺があった。嘉禄元年（1225）3月、北条政子（1157~1225）が亡き夫・頼朝（1147~99）の冥福を祈って建てた、長谷笹目の律宗長楽寺が、延慶3年（1310）11月焼失したため、北条高時滅亡の後、現在の地、善導寺の跡に長楽寺を移し、政子の法名である「安養院」を院号とし、これが寺名になったといわれる。

　江戸時代の延宝8年（1680）10月全焼。その後、再建の折に、比企ヶ谷の末寺・田代寺の千手観音像を境内に移したという。源頼朝に仕えた田代信綱が篤く信仰していた観音像を胎内に納めたことから「田代観音」と呼ばれている。政子がこの観音像に祈願したことで、頼朝と結ばれたり、天下を取れたりしたことから、良縁観音・昇竜観音とも呼ばれている。

　大正12年（1923）関東大震災で裏山が崩壊し、天保16年（1845）建立の本堂及び庫裏が全壊。昭和3年（1928）再建の本堂には、本尊阿弥陀如来像と千手観音像と、法体の木造北条政子像などが安置されている。鎌倉三十三観音霊場第三番（千手観音）・鎌倉二十四地蔵第二十四番（日限地蔵）。

　地蔵堂の石像の地蔵菩薩は、日限地蔵とか子安地蔵と呼ばれている。本堂裏手に徳治3年（1308）の刻銘「宝篋印塔」（善導寺開山・尊観の供養塔、国重文）は、鎌倉に現存する石塔の中では最古のものとされる。その左側には政子の供養塔といわれる小さな宝篋印塔がある。

　境内の巨木槇（マキ）は市の天然記念物、6月には、大紫躑躅（オオムラサキツツジ）が寺を埋め尽くす。また、秋は薄（ススキ）・石蕗（ツワブキ）、冬は水仙（スイセン）が楽しめる。墓地には映画監督・黒澤明が眠る。

癌封じの寺
上行寺　地図P26B2　参照P86

　日範（?~1320）を開山として正和2年（1313）に創建という。外観など鎌倉のほかの寺とは異なり異質な感じがするところである。

　本堂は、明治19年（1886）に妙法寺（P31）の法華堂を移築したといわれる。本尊の三宝祖師の他、日蓮上人像や開山の日範上人像、水天像などが安置されている。境内には他にも万病、特に癌に効があるといわれている瘡守稲荷堂や、大小の鬼子母神を祀る浄行堂がある。瘡守稲荷と身がわり鬼子母神は、癌封じはもとよりあらゆる病を封じてくれるという御利益があることで知られている。

また、幕末の万延元年（1860）に桜田門外で大老井伊直弼を襲撃した水戸十七士（襲撃は薩摩藩士を含め18人）の一人、広木松之助を匿った場所。広木はここで切腹したといわれる。境内墓地には広木の墓があり、大正5年（1916）には広木松之助の碑が建てられた。

御小庵

美しく整えられた樹々と自然の谷戸が溶け合う寺

安国論寺　地図P26D3　参照P84

　この地は鎌倉時代の初期には、北条時政（1138～1215）（初代執権・政子の父）の屋敷・浜御所があった所という。開山は日蓮（1222～82）として建長5年（1253）創建という。ここも妙法寺や長勝寺と同じく松葉ヶ谷法難の跡と伝えられる。日蓮が安房国を退去して鎌倉に来て、初めて道場とした岩窟がこの寺がつくられるもととなり、文応元年（1260）日蓮上人39歳の時、前執権・北条時頼（第五代執権）（1227～63）に建白した『立正安国論』もこの岩窟で著わしたとい

う。岩窟は関東大震災で崩壊、昭和35年（1960）頃、修復されたという。

　この場所に寺ができたのは、日蓮の弟子日朗（1245～1320）が岩窟のそばに建てた「安国論窟寺」が始まりで、のちに日現（1496～1561）が建てた要法寺と合わさり、安国論寺と呼ばれるようになったといわれる。

　山門から続く参道正面の、日蓮の像を安置する祖師堂（本堂）は、元和元年（1615）、水戸家来・徳川光圀守役・小野角右衛門言員の再興、その後尾張家の再造という。本尊は南無久遠実成本師釈迦牟尼仏。

本堂

　総欅造りの御小庵南の巡礼路を進むと、日蓮が日々、富士山に向かって法華経を唱えたという「富士見台」。そこからは富士山と材木座の海が一望出来る。そこから鐘楼を経て境内の奥にある南面窟まで山道が続く。帰りに祖師堂に向かうと日朗上人御荼毘所がある。日朗が出家剃髪した場所で荼毘（火葬）に付して欲しいとの遺言によるという。

　ここは、東芝社長や経団連会長を務め、熱心な法華信者であった土光敏夫の菩提寺（墓所）でもある。

　境内の海棠（カイドウ）、山桜（ヤマザクラ）、山茶花（サザンカ）は、市の天然記念物。その他、春は枝垂桜（シダレザクラ）・源平桃（ゲンペイモモ）・躑躅（ツツジ）・水仙（スイセン）、夏は紫陽花（アジサイ）・百日紅（サルスベリ）・百合（ユリ）、秋は銀杏（イチョウ）・紅葉、冬は梅・椿（ツバキ）が楽しめる。鎌倉・大町の落ち着いた住宅街の先にある緑に包まれた日蓮宗の寺院である。

鎌倉の苔寺

妙法寺　地図P26D2　参照P87

　建長5年（1253）、日蓮（1222～82）が鎌倉に来て布教を行うために建てた草庵が、鎌倉の僧・武士によって焼き打ちされた（松葉ヶ谷法難）。その草庵跡に日蓮が建てた法華堂が本国寺（後の本圀寺）で、本圀寺が室町時代貞和元年（1345）に京都へ移されたあと、延文2年（1357）、五世楞厳法親王妙法房日叡（1334～97）が父の霊を弔うため、寺を再興したのが楞厳山妙法寺の起こりといわれる。日叡は、大塔宮護良親王（？～1335）の遺子と伝え、幼名を楞厳丸といい、妙法房と称したので、これを山号・寺号としたと伝える。南北朝から室町期は盛

んな寺であったが、その後衰えた。

　本堂は肥後細川氏の建立で、その時の奉行の俗体の彫刻がある。水戸徳川家が寄進した法華堂なども建ち、江戸時代には各地の大名たちの信仰をあつめたという。江戸幕府第十一代将軍徳川家斉が参拝し、明治30年（1897）頃まで「御成りの間」があったという。その他、惣門・大覚殿・仁王門・鐘楼などが現存し、仏像など近世彫刻も多い。

　法華堂近くには、日叡が植えたといわれる蘇鉄（ソテツ）や「松葉谷御小菴霊跡」石碑、さらに登ると日叡とその母・南の方の墓もあり、山頂にある伝護良親王の墓（宝篋印塔）からは市街地と海を一望することができる。他の見どころは、汾陽昌子句碑、星野立子句碑、扇塚など。

　法華堂への石段は苔に覆われていて美しい。妙法寺が「鎌倉の苔寺」と言われる由来である。保護のため立ち入ることはできない。右側の急な狭い石段を登る。

　他にも境内では、春は沈丁花（ジンチョウゲ）・桜（サクラ）・著莪（シャガ）、夏は桔梗（キキョウ）・芙蓉（フヨウ）、冬は水仙（スイセン）が楽しめる。

　観光地化されていない、昔の姿のまま残っている感があり、他の寺社仏閣と一線を画している。

材木座エリア

とりわけ海抜の低いこのエリアは、昔は漁村として、今はベットタウンとなっている、鎌倉の穴場スポットの一つ。マリンスポーツが盛んな材木座海岸では、しっとりとした風情の古寺の前をサーファーたちが行き交う、「今」の鎌倉の情景が楽しめる。

浄土宗の「お十夜」発祥の寺
光明寺（こうみょうじ）　地図P33B4　参照P85

第四代執権北条経時（つねとき）（1224~46）が開いた浄土宗の大本山。仁治元年（1240）に然阿良忠（ねんな りょうちゅう）（記主禅師（きしゅぜんじ））（1199~1287）を開山として佐介谷（さすけがやつ）（佐助ヶ谷）に建てた蓮華寺（かんげじ）を、寛元元年（1243）に現在の地に移して光明寺と改めたのがはじまりといわれる。経時亡き後、第五代執権北条時頼（ときより）をはじめ代々の執権が敬（うやま）った寺院である。

一時衰えたようであるが、中興の祖（かんよゆうそう）といわれる八世観誉祐崇は、明応4年（1495）、後土御門天皇（つちみかど）の帰依（きえ）を受けた。天皇は光明寺を勅願寺（ちょくがんじ）とし、また代々住持（じゅうじ）に紫衣（しえ）を許したという。また殿修の式を永世光明寺で行うこと、十夜念仏の法要を行うことを勅許した。光明寺は浄土宗の「お十夜」発祥の寺とする。

江戸時代には徳川家康が浄土宗学問所として、関東十八檀林（だんりん）（有名な学問所）第一位として大いに栄えた。

広い境内には、浄土宗関東総本山にふさわしい大規模な山門があり、弘化4年（1847）頃の建築で、鶴岡八幡宮の表門を移築したものとされる。元禄11年（1698）建立の本堂（まぐちおくゆき）（国重文）は間口奥行ともに約25m、鎌倉地方では最大級の本堂である。「大殿」と呼ばれ、大正期の関東大震災で大破損するも、建立当初の形式をよく保っている。大殿は令和2年（2020）3月から保存修理工事が始まり、本尊の阿弥陀如来（あみだ）及び如意輪観音（にょいりん）など諸尊像は開山堂に移されている。**工期は令和11年頃まで予定。**大殿横に正中2年（1325）の銘をもつ網引延命地蔵（あみびき）（石造地蔵菩薩坐像）が置かれている。彫刻も数多く、古文書・典籍類もきわめてゆたかであるが、特に絵巻を中心とする絵画がまとまっている。

第二次大戦後、新たな時代を目指す大学「鎌倉アカデミア」が開校されたことでも知られている。鎌倉在住の画家や演劇家らが設立した「鎌倉文化会」が、「自分の頭で考える人間づくりが必要」の趣旨で母体となり、地元町会長らの協力を得て開校したものである。

鎌倉三十三観音霊場第十八番（如意輪観音）・鎌倉二十四地蔵第二十二番（網引延命地蔵）。墓苑に、漫画家・横山隆一が眠る。

他の見どころは、黒鉄黐（クロガネモチ）（市天然記念物）、記主庭園（蓮池）、季節になると躑躅（ツツジ）が咲き乱れる、浄土宗三尊（あみだにょらい かんのんぼさつ せいしぼさつ）（阿弥陀如来・観音菩薩・勢至菩薩）五祖（ごそ）（釈尊（しゃくそん）・善導（ぜんどう）・法然（ほうねん）・鎮西（ちんぜい）・記主）の石庭（のべおか）（石庭園）、延岡藩主内藤家墓所など。

境内では、春は桜、夏は蓮（ハス）が楽しめる。

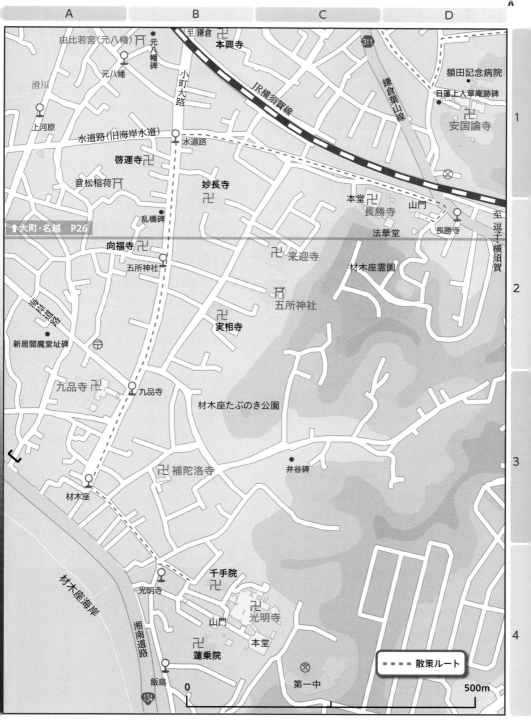

由比若宮(元八幡)
元八幡碑
本興寺
元八幡
至鎌倉
滑川
311
額田記念病院
日蓮上人草庵跡碑
上河原
JR横須賀線
鎌倉葉山線
安国論寺
水道路(旧海岸水道)
水道路
啓運寺
音松稲荷
妙長寺
本堂
山門
長勝寺
長勝寺
法華堂
乱橋碑
至逗子・横須賀
↑ 大町・名越　P26
向福寺
来迎寺
五所神社
材木座霊園
新居閻魔堂址碑
五所神社
実相寺
九品寺
九品寺
材木座たぶのき公園
補陀洛寺
弁谷碑
材木座
材木座海岸
千手院
光明寺
湘南道路
山門
光明寺
本堂
蓮乗院
飯島
134
第一中
散策ルート
0
500m

打倒平家を祈った頼朝の祈願所

補陀洛寺 　地図P33B3　参照P87

　真言宗寺院。源頼朝（1147~99）（開基）が、養和元年（1181）文覚（1139~1203）を開山として建てたといわれる。ここは、源頼朝祈願所であり、頼朝の供養をここですることになっていたことを示す文書もある。

　詳しい寺の由来は不明だが、補陀洛とはサンスクリット語の音を漢字に当てはめたもので、「観音菩薩が住む山」という意味である。

　薬師如来が本尊だった時代もあったというが、文和年間（1352~1356）に鶴岡八幡宮の供僧・頼基が十一面観音を本尊として中興したという。北条氏、小田原北条氏、豊臣秀吉らも保護したという。その後、竜巻などで衰退し、別名竜巻寺ともいわれ、さらに明治初年に火災、大正に関東大震災に遭い、現在の本堂は、大正13年（1924）の建立である。本堂内には、明治の火災でも奇跡的に無事であったという、源頼朝像、文覚上人裸形像、薬師如来像、日光・月光菩薩像、地蔵菩薩像、不動明王像などが安置されている。

　他にも寺宝には、頼朝ゆかりの物が多く、中でも珍しいのが、平家の赤旗で、平家の総大将 平 宗盛（1147~1185）が最後まで持っていたものだといわれ、頼朝がこの寺に奉納したという。盛夏の本堂前の百日紅（サルスベリ）が美しい寺である。また、春の椿（ツバキ）、夏の芙蓉（フヨウ）も楽しめる。

　平家の赤旗は「鎌倉まつり」期間中（4月第2日曜日~4月第3日曜日）から5月末日まで公開される。写真撮影等の詳細は直接補陀洛寺まで問い合わせを。鎌倉三十三観音霊場第三番。

阿弥陀仏が説法された九品来迎印が寺号の由来

九品寺 　地図P33A3　参照P85

　浄土宗寺院。元弘3年（1333）新田義貞（?~1338）が北条氏の鎌倉攻めをしたときの本陣をかまえた場所といい、北条高時以下一族は自害し、鎌倉幕府は滅亡した。義貞は、敵、北条方の戦死者の霊を慰めるため、京都から開山風航順西を迎えて延元2年（1337）に建立したといわれる。

　九品とは極楽往生を願う人の生前の行いによって定められた九種類の往生の有様をいう。上品、中品、下品のそれぞれに上生、中生、下生があり、合わせて九品とされる。

　本堂・庫裏・山門が存するが、関東大震災後の再建である。

　山門をくぐった正面の本堂には、南北朝時代の作と言われる本尊の木造阿弥陀如来立像（阿弥陀三尊）、聖観音菩薩らを祀る。鎌倉三十三観音霊場第十六番（聖観世音）。鎌倉国宝館に寄託している石造薬

師如来坐像は名高い。

　本堂の左手の庫裏（くり）の前を過ぎて、奥の右手に進むと、一段高くなったところに薬師堂がある。ここはこの辺一帯では一番高い位置にあり、新田義貞が陣を敷いた所とうなずける地である。

　山門と本堂に掲げられている額の「内裏山（だいりさん）」と「九品寺」の文字は、義貞の筆の写しと伝えられ、直筆と伝えられる額は本堂に保存されている。

　境内では、早春に木瓜（ボケ）、春盛りには難波茨（ナニワイバラ）が楽しめる。

材木座の鎮守
五所神社（ごしょじんじゃ）　地図 P33C2　参照 P85

　旧村社、材木座の氏神。江戸時代まで

の材木座は、乱橋村（みだればしむら）と材木座村の二村からなり、現在の材木座地域のうち北方が乱橋村、海岸沿いが材木座村で、乱橋が鶴岡八幡宮領、材木座は光明寺領で、それぞれこれに幕府領が混在していた。もとの乱橋村には三島社、八雲社、金毘羅社（こんぴら）が、材木座村には諏訪社（すわ）、視女八坂社（みるめやつざかしゃ）が鎮座していた。

　現在の神社は、明治41年（1908）に両村が合併に伴って三島社の地に他の4社が合祀され五所神社となったという。大正2年（1913）神饌幣帛料供進神社（しんせんへいはくりょうきょうしん）に指定された。

　本殿は、昭和6年（1931）7月新造された。神社の大日如来（だいにちにょらい）の種子「バン」の梵字（ぼんじ）が刻まれた板碑（いたび）は、弘長2年（1262）の銘（こうちょう）があるもので、国指定重要美術品。廃寺となった感應寺（かんのうじ）の境内にあった板碑を五所神社創建のときに移したとされる。不動信仰を示す鎌倉地方唯一の板碑という。

　境内には鎌倉市指定有形民俗資料となっている庚申塔（かんのうじ）（寛文12年（1672）銘）や、摩利支天像（りしてん）がある。毎年6月の例大祭で神輿（みこし）を担いで海に入る夏祭が有名。この五所神社の例祭を「乱材祭（みざいまつり）」と呼んでいる

三浦一族の菩提寺
来迎寺（らいこうじ）　地図 P33C2　参照 P87

　時宗寺院。ここはもと、源頼朝が建久（けんきゅう）5年（1194）に、武将三浦大介義明（みうらおおすけよしあき）（1092～1180）の冥福を祈って建てた真言宗・能蔵寺（のうぞうじ）という寺があった場所で、その後、開山となった音阿（おんあ）が、建武2年（1335）に時宗に帰依、来迎寺と改め改宗したといわれる。

　三浦一族は、治承（じしょう）4年（1180）の頼朝の挙兵の際（石橋山の戦い）に出陣するも、間に合わず、その帰路、由比ヶ浜（ゆいがはま）で当時平

提供：鎌倉市観光協会

氏方だった畠山重忠軍と戦い、義明の孫・多々良重春が討死。

その後、衣笠城が攻められ、義明は籠城の末、討死している。

明治5年（1872）大火後の再建という本堂には、三浦義明の守本尊であるという本尊阿弥陀三尊像と、子育て観音ともいわれる聖観音像が安置されている。鎌倉三十三観音霊場第十四番（聖観音）である。

本堂右手に高さ2m弱の五輪塔が2基並んでいる。三浦大介義明・多々良三郎重春の墓と伝えられる供養塔で、鎌倉時代末から南北朝時代のものとされる。本堂の裏には三浦一族の墓100基もの五輪塔がある。夏には、凌霄花（ノウゼンカズラ）が楽しめる。

鎌倉有数の桜の名所
長勝寺　地図P33C2　参照P86

寺伝では、この地は、京都の本国寺（後の本圀寺）の旧地であるという。本圀寺はこの地方の領主石井三郎長勝（幕府の有力御家人三浦氏の一族）が日蓮に帰依し、邸内に小庵を建てて寄進したもので、本圀寺

が京都に移された後、貞和元年（1345）に日静（1298～1369）が復興し、石井長勝の名にちなんで長勝寺と名付けたという。

総門を入ると右側に山門がある。その左側の一段高いところに、法華堂ともいわれる鎌倉時代特有の五間堂という建築様式を残す「祖師堂」があり、日蓮上人像らが安置されている。昭和33年（1958）10月、法華堂に対面していた山門の位置を変更して現在の所に改めた。

境内正面が、帝釈天が祀られる帝釈堂（本堂）だ。文応元年（1260）松葉ヶ谷法難の時、日蓮聖人がこの地で帝釈天の使いである白い猿に助けられたことから、帝釈天の霊場とされている。本堂は小田原北条氏の臣・遠山因幡守宗為の建立と伝えられる。

本堂前広場には、上野公園の西郷隆盛像で有名な高村光雲作の、高さ8mの巨大な「日蓮聖人像」があり、周りには、仏教における4人の守護神である「四天王像」が配置されている。日蓮像は、鎌倉辻説法を写しており、東京の洗足池畔から移設されたものという。

伝説の俳優、赤木圭一郎（1939～1961）の胸像が鐘楼の裏手から墓地に上がる石段の途中にある。「赤木圭一郎を偲ぶ会」とファンらが昭和48年（1973）に祖師堂の前に建てたものを遺族が現在のところに移したという。秋の紅葉、そして春の桜の名所でもある。

金沢街道・二階堂・十二所エリア

P66
P60 P10
P47 P26
P32

古都の情緒豊かな雰囲気が味わえるエリア。梅、紫陽花（アジサイ）、紅葉など四季を通じて、花々や木々の彩りが楽しめる。

金沢街道には報国寺（ほうこくじ）、浄妙寺（じょうみょうじ）、杉本寺（すぎもとでら）と情緒ある寺が、二階堂には瑞泉寺（ずいせんじ）、覚園寺（かくおんじ）と伝統的鎌倉を伝える寺が、十二所には光触寺（こうそくじ）、明王院（みょうおういん）がある。

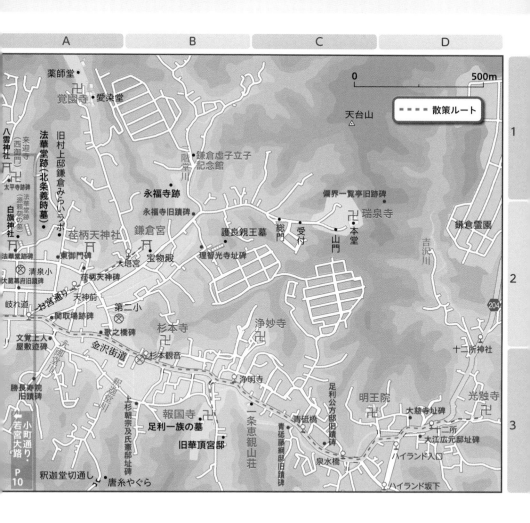

	A	B	C	D

- 薬師堂・
- 覚園寺 卍・愛染堂
- 八雲神社 卍
- 来迎寺（西御門）
- 太平寺跡碑（源頼朝の墓）
- 白旗神社 卍
- 法華堂跡碑
- 法華堂跡（源頼朝の墓）
- 旧村上邸鎌倉みらいラボ
- 法華堂跡（北条義時墓）
- 荏柄天神社 卍
- 東御門碑
- 清泉小 ⊗
- 木蔵幕府旧蹟碑
- 岐れ道
- お宮通り
- 天神前
- 関取場跡碑
- 歌之橋碑
- 第二小 ⊗
- 金沢街道
- 文覚上人屋敷跡碑
- 勝長寿院旧蹟碑
- 小町通り・若宮大路 P10
- 釈迦堂切通し
- 唐糸やぐら・
- 鎌倉虚子立子記念館
- 永福寺跡
- 永福寺旧蹟碑
- 鎌倉宮 卍
- 宝物殿
- 大塔宮
- 荏柄天神碑
- 護良親王墓
- 理智光寺址碑
- 杉本寺 卍
- 杉本観音
- 浄明寺
- 上杉朝宗及氏憲邸址碑
- 報国寺 卍
- 足利一族の墓
- 旧華頂宮邸
- 一条恵観山荘
- 天台山 △
- 偏界一覧亭旧跡碑
- 総門
- 受付
- 山門
- 本堂
- 瑞泉寺 卍
- 浄妙寺 卍
- 青砥橋
- 青砥藤綱邸旧蹟碑
- 泉水橋
- 吉沢川
- 鎌倉霊園
- 204
- 十二所神社
- 明王院 卍
- 足利公方邸旧蹟碑
- 十二所
- 大慈寺址碑
- 大江広元邸址碑
- ハイランド入口
- ハイランド坂下
- 光触寺 卍

0 ────── 500m

- - - - - 散策ルート

提供：鎌倉市観光協会

鎌倉随一の花の寺、紅葉の名所
瑞泉寺
ずいせんじ

地図P37C2　参照P86

山々に抱かれて紅葉ヶ谷に静かに佇む臨済宗寺院。

甲斐国牧庄の領主・二階堂道蘊（1267～1335）（開基）が夢窓疎石（1275～1351）のために建てた瑞泉院がその前身。開山の夢窓疎石は、嘉暦2年（1327）に瑞泉院に入った。中興開基の鎌倉御所初代公方・足利基氏（1340～1367）（尊氏の四男）の没後に寺名を改めたようだ。基氏の法名は、瑞泉寺玉巌道昕である。貞治6年（1367）、基氏がここに葬られてから公方家の塔所となり、鎌倉五山に次ぐ関東十刹第一位に名を連ねる。公方家四代足利持氏（1398～1439）による永享の乱で衰亡したという。

夢窓疎石が嘉暦3年に庭園の後の山に建てた「徧界一覧亭」は、鎌倉五山の僧による五山文学の中心となった。翌4年には疎石の依頼で清拙正澄（1274～1339）が『徧界一覧亭記』を著わした。その写がこの寺に残るという。

元禄2年（1689）、水戸藩主であった徳川光圀（1628～1701）が、ここで自身の鎌倉旅行を『新編鎌倉志』として編纂させ、徧界一覧亭を再建したという。山の上の現在の宝形造のそれは、昭和10年（1935）建立のものである。

伽藍を構成する建造物としては、総門、山門、仏殿（本堂）（昭和10年建立）、書院、客殿、地蔵堂、開山堂（大正2年建立）などがあるが、いずれも、ほとんど大正及び昭和の再建である。仏殿に安置するのは、本尊釈迦牟尼仏、左側に千手観世音坐像、右側に開山夢窓国師坐像（国重文）である。

仏殿西側の地蔵堂に地蔵菩薩立像（俗名・どこもく地蔵）がある。地蔵堂の堂主が貧しさのあまり逃げだそうとすると、夢枕に地蔵が現れて、「どこも苦、どこも苦」と告げて消えたという。堂主は「苦しいのはどこに行っても同じだ」と悟ったという。鎌倉三十三観音霊場第六番（千手観世音）。鎌倉二十四地蔵第七番（どこもく地蔵）。

仏殿背後には、昭和45年（1970）に発掘復元された夢窓国師の作の12坪足らずの庭「瑞泉寺庭園」がある。山肌を穿ち、前面も岩を掘りこんで池を配した鎌倉としては最も古い様式のもので、翌年、国の名勝に指定された。時の住職大下豊道（第二十八世）より「庭」の揮毫を頼まれたのは、里見弴、川端康成、亀井高孝であったという。残念ながら一般公開はしていない。

境内には他にも、山崎方代歌碑、吉野秀雄歌碑、久保田万太郎句碑、高浜虚子句碑、大宅壮一評論碑、吉田松陰留跡碑などがあり、庫裏東側には、足利基氏はじめ、満氏・満兼・持氏など鎌倉公方歴代のものと伝える墓（五輪塔）がある。

墓苑には、小説家の梶山季之・久米正雄・立原正秋、歌人の吉野秀雄、評論家の大宅壮一・青地晨らが眠る。

総門から境内（国史跡）に入ると、春の三椏（ミツマタ）・藤（フジ）、夏の桔梗（キキョウ）、秋の冬桜（フユザクラ）、冬の梅（ウメ）・水仙（スイセン）・椿（ツバキ）など、開山に供

瀟洒な二階建ての西洋館
鎌倉虚子立子記念館 地図P37B1 参照P84

次女の立子は病弱だった、その為、父の虚子は明治43年（1910）、東京麹町から鎌倉由比ヶ浜に転居し、疎開時を除き、没年まで居住したという。記念館は、平成13年（2001）9月、鎌倉二階堂の地に開館。玄関脇の木立の中には短冊・句碑が建ち並び記念館らしい雰囲気を醸し出している。

俳句における「客観写生」「花鳥諷詠」を唱え、明治・大正・昭和と俳句の分野で活躍し、正岡子規の後継者でもあった俳人高浜虚子（1874〜1959）と、その娘であり虚子でさえ感嘆するような感覚のやわらかさや鋭さを持っていた俳人星野立子（1903〜1984）の記念館である。

館内には、四季に即した作品や愛用品等が展示されているほか、貸句会室などもあり、記念品の販売なども行われている。現在、木曜（10時〜15時）のみの開館（祝日の場合は休館）、訪問希望者は事前に記念館まで連絡して下さい。

高浜虚子

護良親王を祀る
鎌倉宮（大塔宮） 地図P37B2 参照P84

明治2年（1869）に明治天皇の勅命により、東光寺旧跡に創建、祭神は大塔宮護良親王（?〜1335）（後醍醐天皇の第一皇子）。鎌倉幕府倒幕時の、明治天皇と同じ境遇にあった護良親王を祀る。

正面の階段を上り鳥居をくぐると社殿がある。拝殿と祝詞舎の奥が本殿である。境内には、足利氏により親王が幽閉されたとされ

身代わりさま「村上彦四郎義光」像　提供：鎌倉市観光協会

鎌倉宮境内図

39

る「御土牢」(本殿裏)や、明治6年(1873)
4月明治天皇が、陸軍野営演習に行幸
し、その途次、鎌倉宮に幸した際に建築さ
れた行在所の一部であった「宝物殿」、「神
苑」(平成6年(1994)に完成)がある。また、
摂社村上社前には親王の身代わりとなった
村上彦四郎義光の木像があり「身代りさま」
と呼ばれ親しまれている。身代りさま(厄除、
病気平癒)のほか、厄割り石、鎌倉宮碑な
どもある。東方の理智光寺旧蹟の山頂に
は、明治11年(1878)、護良親王御墓と決
められた宝篋印石塔(非公開)があり、現
在は宮内庁所管となっている。

　境内の小賀玉の木(オガタマノキ)は、市
天然記念物。境内は、春は染井吉野(ソメ
イヨシノ)、夏は紫陽花(アジサイ)・桔梗(キ
キョウ)、秋は紅葉、冬は梅が楽しめる。

　神苑には紅白一対の枝垂れ梅や躑躅(ツ
ツジ)・石楠花(シャクナゲ)・三椏(ミツマタ)・
菖蒲(ショウブ)・藤棚など草木も多く自然に
あふれている。四季折々に多くの花が咲き、
メジロやウグイスが飛来する。

北条義時ゆかりの寺
覚園寺　地図P37A1　参照P84

　二階堂の鎌倉宮より北側の薬師堂ヶ谷の
谷の最奥部にある。建保6年(1218)7月に
第二代執権北条義時(1163~1224)が薬師如
来像を安置した大倉薬師堂をもとに、永仁
4年(1296)に九代執権北条貞時(時宗の
子)(1271~1311)が、元寇を退けるため智海
心慧(?~1306)を開山として、山号・寺号を称
する寺として伽藍を整備して覚園寺を創建。
北条氏、後醍醐天皇、足利氏と代々の為
政者に保護されてきた。

　もとは真言・律・禅・浄土の四宗兼学で
あったが、明治元年(1868)一寺一宗と定

められたので古義真言宗となった。

　国の史跡に指定されている境内である。
文和3年(1354)再興、元禄16年(1703)
大地震後の再興、昭和26年(1951)修理
の薬師堂(本堂)には、本尊の木造薬師三
尊像(国重文)、護法神の木造十二神将立
像(国重文)を安置し、天井を三つに区分し
た天井梁には足利尊氏が書いたといわれる
梁牌がある。

　境内奥の地蔵堂に安置されているのは、
鎌倉時代作の木造地蔵菩薩立像(別名黒
地蔵、火焼地蔵、国重文)。鎌倉二十四
地蔵第三番である。

　さらに、愛染堂には大楽寺(廃寺)の愛染
明王坐像、鉄造不動明王像などもあり、仏
像彫刻の宝庫である。そして薬師堂奥には、
昭和56年(1981)移築復元された旧内海家
住宅(江戸時代中期の大型の名主住宅で間
取りなどに特徴をもつ、僧堂として利用)な
どがある。また、境内内から鷲峰山にかけ
ての斜面には非常に多くのやぐらが存在し
ている(岩窟墳墓百八やぐら)。

　小説家・村松梢風(1889~1961)は、ここ
に眠る。昭和22年(1947)頃から没年ま
で、愛人と西御門に居住した。孫の村松友
視は、『鎌倉のおばさん』(1997年)(泉鏡花
文学賞受賞)で「その女が、「私」の祖父・村
松梢風と暮す鎌倉の家には、独特の空気が
あった。放蕩三昧の梢風を「文士」に仕立て

あげながら、その女は年齢や経歴を様々に偽り、虚構の人生を縦横に紡ぎだしていたのだから。その姿はいつしか、実母は死んだと言い聞かされ、梢風の正妻である祖母と二人きりで育った「私」自身の複雑な生い立ちと、どこかで微妙に交錯し始めた…。」と記した。

境内の槙（マキ）、夏茱萸（ナツグミ）、椿（ツバキ）は、市天然記念物。秋の紅葉もよい。

観光客で賑わう寺院とは一線を画した寺で、拝観時間は決められており時間厳守。都会の喧騒を忘れ、静寂な境内を気が引き締まる雰囲気の中、寺僧の案内よりツアー形式で各堂を巡り、多くの仏像に詣でられる（**令和5年（2023）3月末まで、感染症対応変更中**）。境内は撮影禁止。

針供養　提供：鎌倉市観光協会

筆供養　提供：鎌倉市観光協会

盛時には日本三大天神の一つ
荏柄天神社　地図P37A2　参照P84

古くは、荏柄山天満宮とも称され、日本三古天神（他は福岡の太宰府天満宮、京都の北野天満宮）の一つに数えられ、学問の神様・菅原道真を祀る。

荏柄の社号は、奈良時代の天平7年（735）の『相模国封戸租交易帳』（『正倉院文書』）や『倭名類聚抄』にみえる相模国鎌倉郡「荏草郷」の「エガヤ」がのちに転じて「エガラ」となり、「荏柄」と表記されたものと考えられる。

社蔵の『相州鎌倉荏柄山天満宮略縁起』によると、長治元年（1104）8月25日、雷雨と共に黒袍の束帯姿の天神画像が天降り、神意を尊び里人がこの地に社殿を建て、銀杏（イチョウ）の木を植え、神木としたと伝えられる。

源 頼朝（1147~99）は荏柄天神を鬼門の守護神と仰ぎ、改めて社殿を造立した。以

降歴代将軍は鎌倉幕府の尊社とした。『吾妻鏡』には、建仁2年（1202）9月11日、二代将軍 源 頼家（1182~1204）が大江広元（1148~1225）に道真公300年忌を盛大に執行させた事など、しばしば社名が出てくる。

度々火災等に遭うも、鶴岡八幡宮造営の度に残木、古材をうけて社殿を造営して維持に努めてきたが、その後は、鎌倉の衰退と共に衰えていった。

柏槙（ビャクシン）の大木ある参道から石段を上ると荏柄天神社だ。銅板葺三間社流造の本殿（国重文）は、室町時代の初期に建てられた鶴岡八幡宮の旧若宮社殿を江戸時代元和8年（1622）に移築したもの。若宮は正和5年（1315）再建後、中世を通じて維持されていることから、本殿は鎌倉に残る最古の木造建築物という。

大正の関東大震災でも被害を受け、幣殿と拝殿は震災以降の再建で、鶴岡八幡宮仮宮を移建したという。

境内には他にも社殿脇にかっぱ筆塚（清水崑絵、川端康成筆）、絵筆塚（現代漫画家154名のかっぱの絵）、尾崎迷堂句碑などがある。

入口脇に大銀杏（市天然記念物）がある。樹齢約1000年でその大きさは鎌倉一とも称される。梅は、鎌倉一、早く咲くと言われる「寒紅梅」と2月上旬に咲く白梅「古代青軸」など様々な種100本以上の梅は3月まで楽しませてくれる。学問の神様として受験シーズンは合格祈願で混雑する。

さらに境内では、春は著莪（シャガ）・躑躅（ツツジ）、夏は紫陽花（アジサイ）・岩煙草（イワタバコ）、秋は彼岸花（ヒガンバナ）・銀杏（イチョウ）黄葉、冬は水仙（スイセン）が楽しめる。

毎年2月には針供養が行われ、10月中旬には、絵筆供養のための「絵筆塚祭」が漫画家多数参列のもと執り行われ、参道に掲揚されるプロの漫画家渾毫の漫画絵行灯や、同じく漫画家による似顔絵コーナーなど参拝者の賑わいが絶えない。

三体の十一面観音を本尊とする
鎌倉最古の寺
杉本寺
地図P37B2　参照P86

二階堂にある天台宗寺院。天平6年（736）、光明皇后（701~760）の命で藤原房前（681~737）と行基（668~749）により創建、円仁（慈覚大師）（794~864）が中興開山と伝えられ、源頼朝入府以前からあった鎌倉最古の仏跡といわれる。本寺の前身は、大倉観音堂と称されたという。文治5年（1189）の夜に失火炎上した際、別当浄台房が火中に入り本尊を助けたが、衣をわずかに焦がしただけで火傷を負うことがなかったというので、観音教に説かれる功徳が現

れたとして信仰を集めた。

建久2年（1191）9月18日、同4年同月日源頼朝（1147~99）が、建暦2年（1212）同月日、第三代将軍源実朝（1192~1219）が、観音縁日として参詣している。

寛喜3年（1231）1月14日には大倉観音堂で失火があり、故左京兆（北条義時）の旧宅も類焼したとみえ、屋敷の一つが、この寺の西にあったとみられる。北条義時の邸宅は少なくとも三つあったとされて、最も早くからみえる大倉邸は大倉幕府の南東にあり、別に大倉幕府の西には泰時（1183~1242）（第三代執権）に譲った邸宅、現在の宝戒寺一帯には小町邸があったとされている。

中世、杉本寺の観音堂の上は杉本城址。杉本城は、三浦義明（1092~1180）の長男・杉本義宗（1126~64）によって築かれたとされ、六浦路を抑える要衝だった。

境内には本堂・弁天堂・二王門・庫裏などがある。本堂の有名な秘仏本尊は、3躰の木造十一面観世音菩薩像で、行基作と伝える別名覆面観音あるいは下馬観音（市指定文化財）と呼ばれる1躰と、円仁作・源信作と伝える2躰（国重文）である。「覆面・下馬観音」の名称は、礼を欠き、信心なくして馬で寺の前を通り過ぎる者は落馬するというので、建長寺開山大覚禅師（蘭渓道隆）（1213~1278）が祈願し自らの袈裟で行基作・

提供：鎌倉市観光協会

提供：鎌倉市観光協会

十一面観音様の顔を覆ったところ落馬する者が無くなったということから付けられたという。

茅葺屋根の山門を守る仁王像は運慶作と伝えられている。本堂正面に、源頼朝寄進の御前立本尊十一面観音が安置されている。

鎌倉（坂東）三十三観音第一番（十一面観世音菩薩）。鎌倉二十四地蔵第四番（身代地蔵）・六番（尼将軍地蔵）。

境内では、夏には芙蓉（フヨウ）、冬は山茶花（サザンカ）が楽しめる。

十一面観音と書かれた林立する幟旗と、尾崎迷堂句碑、本堂へと続く階段のすり減り様や苔むした感じが悠久の時を感じさせてくれる。

英国ガーデンテラスのある寺
浄妙寺　地図P37C2　参照P86

足利義兼（1154?～1199）を開基、退耕行勇（1163～1241）を開山として文治4年（1188）に創建した密教系の寺院で極楽寺を前身とするという。義兼の子・義氏（1189～1255）の時に臨済宗となり、正嘉時代（1257～1259）の初め、蘭渓道隆の弟子である月峯了然が住山し、寺号を浄妙寺と改めたという。足利尊氏の父・貞氏（1273～1331）が中興開基で、浄妙寺殿と呼ばれ、ここに葬られている。

最盛期には23の塔頭がある大寺院だったが、度重なる災害で往時の伽藍は失われ、現在は総門・本堂・客殿・庫裡等で伽藍を形成している。

境内は国指定史跡で、門から入ると仏殿（本堂）（非公開）があり、どっしりとした銅板葺き屋根が風格を感じさせる。そして、本堂裏手の開山堂には、南北朝時代の優れた彫刻、退耕行勇の像が安置されている（非公開）。また、本堂裏手の墓地には、足利貞氏墓と伝える、明徳3年（1392）の銘をもつ宝篋印塔などがある。鎌倉五山の第五位。鎌倉三十三観音霊場第九番（聖観世音菩薩）。

格式高い臨済宗の寺だが、境内には洋館レストラン「石窯ガーデンテラス」や、古民家を移築した「喜泉庵」があり、枯山水の庭と鎌倉随一の和菓子屋「美鈴」の上生菓子に水琴窟と、楽しめる。

春の牡丹（ボタン）、冬の梅もあるが、特に秋は鎌倉紅葉散策の穴場でもあり、静かに思いに耽るには絶好の場所だ。

提供：鎌倉市観光協会

禅とお茶と竹の庭
報国寺　地図P37B3　参照P87

　足利家時（1260～1284）（室町幕府初代将軍足利尊氏の祖父）が開基、天岸慧広（仏乗禅師）（1273～1335）が開山で、建武元年（1334）の創建と伝えるが、『上杉系図』の資料からは、上杉重兼（南北朝期の宅間上杉氏の祖）が開基ともいう。所在地が宅間ヶ谷と呼ばれたため、宅間寺とも通称する。

　鎌倉公方は四代90年にわたって続いたが、永享の乱（1438～39）に於いて室町幕府六代将軍足利義教（1394～1441）に敗れ、第四代鎌倉公方足利持氏（1398～1439）は瑞泉寺塔頭の永安寺において、子の義久（1423～39）は、諸説があるが永享11年（1439）2月28日、報国寺で自害したという。報国寺は関東に於ける足利公方終焉の地である。

　山門の「薬医門」をくぐると、なだらかな参道につながる。参道沿いには、手入れの行き届いた庭が続く。右手の石段を上ると、左手前に茅葺の鐘楼が、正面奥には本堂が佇んでいる。鐘楼を見下ろすように立つ大銀杏（イチョウ）は、樹齢300年以上という。他にも境内では、春は木瓜（ボケ）・薔薇（バラ）、夏は岩煙草（イワタバコ）、冬は冬桜（フユザクラ）・椿（ツバキ）などが楽しめる。

　本堂には本尊釈迦如来坐像、本堂の別間には聖観音菩薩像も祀られている。鎌倉

三十三観音霊場第十番である。枯山水の庭もある本堂の裏手は、2,000本ともいう竹林で「竹の寺」として有名。天高くそびえる竹に囲まれた空間はまるで別世界だ。奥にある、ミシュランガイドで観光スポットとして星ももらった、オープンカフェのような「茶席・休耕庵」がある。竹の庭を眺めながらお抹茶をいただく。BGMは竹庭内の岩肌から落ちる小さな滝の音、竹の庭を眺めながらのお抹茶は癒しの時間である。

　本堂正面横の迦葉堂には開山仏乗禅師坐像・本尊迦葉尊者像が祀られており、さらに、足利家時他足利一族の墓が平地の少なかった鎌倉特有の横穴式墳墓として境内の奥の岩肌に残されている。（ともに拝観不可）他には、北条勢新田勢両軍戦死者の供養塔、木下利玄記念歌碑などがある。墓苑には、木下利玄、小説家・林房雄らの墓がある。

　川端康成、林房雄らは、寺領内に住み、川端はこの山あいのしじまの音なき音を「山の音」と表現したという。

京の雅、江戸時代初期の遺構
一条恵観山荘　地図P37B3　参照P84

　京都に現在も残る皇室の施設「桂離宮」、「修学院離宮」に並び、江戸時代初期の朝廷文化を今に伝える山荘。

Twkz0731 - 投稿者自身による作品, CC 表示 - 継承 4.0,
https://commons.wikimedia.org/w/index.php?curid=59173222 による

　最初は、後陽成天皇の第九皇子で、摂政・関白を二度務めた一条恵観（一条昭良）（1605～72）が、自ら設計して京都西賀茂に建てた一条家別邸の離れであった。正保3年（1646）に、この山荘で茶会が催されたという記録がある。

　昭和34年（1959）に建築家堀口捨己の監修のもと鎌倉市浄明寺に移築され、庭石や枯山水も建物と共に移され当時と同じように配置された。庭園と共にその雅な日本文化を今に伝えており、昭和39年に国の重要文化財に指定された。平成29年（2017）に公開を開始した新名所で紅葉も美しいところだ。

　四季折々の花々や木々。季節ごとに変わりゆく庭園を散策しながら京都の文化と鎌倉の自然を満喫できる空間となっている。併設する建物には「かふぇ楊梅亭」も用意され、鎌倉の岩山と滑川の原風景を臨みながら寛げる。また、一条恵観山荘内の「建物見学」を指定日で開催。その他、「和菓子づくり体験」「月釜ゑかん会」も不定期で開催している。

鎌倉幕府の祈願所、そして将軍家の祈願所
明王院 　地図P37C3　参照P87

　古義真言宗寺院。『吾妻鏡』によれば、嘉禎元年（1235）、鎌倉幕府四代将軍藤原（九条）頼経（1218～56）が開基、鶴岡八幡宮元別当の定豪（1152～1238）が開山に迎え

られた。ここは寛喜3年（1231）より鎌倉幕府将軍の発願によって建立されだした、鎌倉市内に現存する唯一の寺院という。

　鎌倉幕府の鬼門の方角に当たる十二所に鬼門除けの祈願所として、本堂に五大明王を祀る。それぞれの明王に大きな堂があったことから「五大堂」とも呼ばれる。

　五大明王とは、中心の不動、その周りを囲む大威徳、軍荼利明王、降三世明王、金剛夜叉明王からなる五体の明王の総称。鎌倉で五大明王を祀るのは明王院のみとされる。

　明王院は鎌倉幕府の祈願所として、建長4年（1252）に雨乞いの祈祷が行われた。そして将軍家の祈願所として幕府最大の危機、日本が初めて外国の脅威にさらされた元寇のときにも、明王院で異国降伏祈祷が行われたという記録が残っている。弘安4年（1281）4月の異国調伏の祈祷である。

　室町時代には鎌倉御所の保護をうけたが、鎌倉公方が鎌倉を去った後は衰微したという。

『風土記稿』によれば、寛永時代（1624～1644）の火災により多くを失い、現存する不動明王一体のみ残ったという。現在、茅葺の本堂の本尊木造不動明王像は国重文に、残り4体は市の文化財に指定されている。

京都の一部寺院同様、近年は一日一組限定で、本堂で結婚式、客殿では披露宴が行われている。

鎌倉三十三観音霊場第八番（十一面観世音）、鎌倉十三仏第一番（不動明王）。

本尊阿弥陀三尊は「頬焼阿弥陀」として知られる

光触寺　地図P37D3　参照P85

弘安元年（1278）に創建された寺院で、開基は北条時宗（1251～84）、開祖一遍（1239～89）、開山は作阿と言われている。もと真言宗の寺であったが、一遍の感化によって時宗に改められたとされる。

室町時代の画風を残すといわれている光触寺境内図には、本堂のことを火印堂と注し、塔頭とみられる一養庵・向徳庵・蔵福庵などの建物の他、熊野・山王・権現・法蔵・俵蔵などの注記がかかれており、門前には家が立ち並んでいた。当時の隆盛がうかがえる。

現在の本堂は安政6年（1859）の再建で、関東大震災で傾斜、その後修復したもの。

本堂に安置されているのが、本尊阿弥陀如来三尊であり、その厨子は関東管領足利持氏（1398～1439）の寄進と伝え、室町時代の建築様式をよく伝えている。阿弥陀仏は一般に「頬焼阿弥陀」の名で知られている。縁起絵巻によると『むかし鎌倉に35歳なる女性がいて阿弥陀像を持仏堂に安置していた。ところがある時、この家の使用人に盗難の疑いをかけ、折檻のため頬に焼き印を押したが、不思議と使用人の頬には痕が残らなかった。その夜女性に夢枕に安置していた阿弥陀像が現れ、頬の焼き印の痕を見せた。驚いた女性は即刻使用人の罪を赦し、仏師に阿弥陀像の頬の塗替えを頼んだが、修理を21回行っても元には戻らなかったという』。両脇侍の快慶作観音像と湛慶作勢至像は阿弥陀像とともに国重要文化財となっている。

また、本堂には作者不明の平安時代の木造聖観音菩薩立像や、もと大慈寺丈六堂にあった大仏頭が安置されている。

境内には他にも「塩嘗地蔵」がある。昔は、金沢街道に面して堂があったが、明治30年（1897）に光触寺に移された。六浦の塩売りが朝比奈峠を越えて鎌倉へ来るたびに、お地蔵様に塩をお供えしていた。しかし、いつも帰りには塩が無くなっているので「地蔵が嘗めたのだろう」という伝説から「塩嘗地蔵」と言われる名高い地蔵尊となった。

楽しめる花々等は、春は藤（フジ）、夏は岩煙草（イワタバコ）・花菖蒲（ハナショウブ）、秋は彼岸花（ヒガンバナ）・杜鵑草（ホトトギス）である。

鎌倉三十三観音霊場第七番（聖観音）、鎌倉二十四地蔵第五番（塩嘗地蔵尊）。

由比ヶ浜・長谷・極楽寺エリア

P66
P60 P10 P37
P26
P32

　鎌倉二大名所の一つ、大仏さま、鎌倉の西方極楽浄土と謳われ、一年を通じて「花の寺」として親しまれる、長谷寺のメジャー観光地を抱え、エリア中央を由比ヶ浜大通りが貫くお洒落スポットが集まるエリア。由比ヶ浜大通り散策もおすすめで、鎌倉らしい路地裏探検も楽しいエリア。

国宝銅造阿弥陀如来坐像
高徳院（鎌倉の大仏）
こうとくいん

地図 P48C1　参照 P85

　浄土宗高徳院は、鎌倉大仏殿高徳院と称し、大仏の別当である。開山開基は不明である。

　鎌倉二大名所の一つ、高徳院「鎌倉の大仏」。銅造阿弥陀如来坐像の高さは11.31m（台座を含めると13.35m）、耳の長さ約2m、目の長さ約1m、周囲約35m、重量約121tあり、数多くある鎌倉の仏像で唯一の国宝に指定されている。

　大仏は当初は木造で、鎌倉幕府の下知の
げち
もと、僧・浄光の勧進で、暦仁元年（1238）
かんじん　　　りゃくにん
から工事が始められ、仁治2年（1241）3月、
にんじ
大仏殿上棟。寛元元年（1243）6月に大仏
かんげん
と大仏殿竣工の供養が行われている。この木造大仏は、宝治元年（1247）の大暴風雨
ほうじ
によって破壊されたとも、鋳造にするための原型であったともいわれる。

　現在の金銅仏は建長4年（1252）8月に、
けんちょう

提供：鎌倉市観光協会

散策ルート

A B C D

大仏トンネル
鎌倉七口・大仏切通し
旧鎌倉加圧ポンプ所
大仏坂
32

鎌倉駅西口・源氏山方面 ↗
（扇ガ谷・佐助）　P60

高徳院
（鎌倉の大仏）
大仏

鎌倉文学館

鎌倉病院
大仏前

甘縄神明神社

長楽寺跡碑

鎌倉
能舞台

旧長谷
子ども会館
（旧諸戸邸）

桑が谷療養所跡碑

足達盛長邸址碑
長谷公会堂
加賀谷邸

海岸通り

光則寺

川端康成記念會

宿谷光則屋敷跡碑

旅館
対僊
閣

のり真安齊商店

311

由比ヶ浜大通り

染屋太郎大夫
時忠邸址碑

至鎌倉

長谷寺

長谷観音

白日堂

収玄寺

江ノ島電鉄

御霊神社

長谷駅
長谷駅

稲村ヶ崎小

極楽洞

虚空蔵堂
（成就院境外仏）

稲瀬川碑

美奈ノ瀬川

極楽寺

鎌倉七口・
極楽寺坂切通し

星月井碑

由比ヶ浜

湘南道路

稲
瀬
川

由比ヶ浜海岸

由比ヶ浜

極楽寺駅

至江ノ島

成就院

坂の下

134

相模湾

実朝歌碑・坂ノ下

鎌倉海浜公園

東大寺鋳物師として名が残る、当時の鋳物
師丹治久友ら何人かにより鋳造が始められと
みられ、完成当時は全身に金箔が施されて
いたという。奈良大仏のような国家的事業
の成果ではなく、長期間を費やして成った一
念仏聖の悲願の結晶であることに鎌倉大仏
の特色がある。鋳造は体部七段、頭部五
〜六段に分け、下から順次巧妙に鋳継がれ、

十三世紀半ば頃の我が国の造像を代表する
記念作品といえる。

　大仏の寺名である大仏殿は、鎌倉幕府
により造営された。大仏はその大仏殿内に
安置されていたが、建武2年（1335）大風
で倒壊。室町時代に建長寺の支配下に移
るが、応安2年（1369）の大風で再び倒壊、
明応4年（1495）（明応7年とも）の津波で大

仏殿が崩れ、露坐の大仏になったとされる。大仏の周りにある礎石は、大仏殿の礎石であるという。今日の境内には56基の石が残り、かつての大仏を覆っていた建物の大きさをうかがい知る事ができる。大仏は、鎌倉時代（1185～1333）末、あるいは室町時代（1336～1573）から露坐であった。

以後、荒廃が進んだ尊像は、江戸時代中期の正徳2年（1712）、浅草の商人・野島新左衛門（泰祐）（法名は高徳院深蓮社法誉大異泰祐）の援助を受けた江戸増上寺の祐天（1637～1718）らの手で復興をみ、像の鋳掛修復に着手し、大仏周辺の地を買収して「清浄泉寺高徳院」と称する念仏専修の寺院を再興した。そして真言宗から浄土宗に改め、光明寺の末寺になったという。

大仏は外国人にも人気があり、明治6年（1873）には、鎌倉鶴岡八幡宮に所蔵されていた「籬菊螺鈿手箱」と共に、実物大の張り子で作られた鎌倉大仏が、ウィーンでの第五回万国博覧会に出品されたという。

大仏の胎内も拝観することができ、鋳造による接続部がはっきりと確認できるほか、像を補強した様子を見ることができる。国宝の中に入る貴重な体験といえる。

大仏に向かって右側の回廊には大きな藁草履が架けられている。茨城県常陸太田市松栄町の子供たちが制作し、3年に一度奉納されているもので、「大仏様に日本中を行脚し、万民を幸せにしていただきたい」という願いから昭和26年（1951）より始められた歴史あるもの。長さ1.8m、幅0.9m、重量45kgにも及ぶ。

大仏の後方には大正13年（1924）に山一合資会社（後の山一證券）の初代社長であった杉野喜精によって寄進された朝鮮王宮の建造物を移築した「観月堂」がある。今

高徳院（鎌倉大仏）境内図

日では鎌倉三十三観音霊場二十三番札所として江戸後期の作とみられる観音菩薩立像が安置されている。その近くには与謝野晶子の歌碑が立ち、「かまくらや　みほとけなれど　釈迦牟尼は　美男におわす　夏木立かな」と詠んでいる。鎌倉大仏は「釈迦牟尼」ではなく、「阿弥陀如来」。一説には歌の美しさを優先し、あえて訂正はしなかったという。

清浄泉寺高徳院墓地には、小説家・吉屋信子が眠る。

境内では、春は染井吉野（ソメイヨシノ）・躑躅（ツツジ）、夏は凌霄花（ノウゼンカズラ）・百日紅（サルスベリ）、秋は萩（ハギ）・紅葉、冬は山茶花（サザンカ）・水仙（スイセン）が楽しめる。

鎌倉で一番古い神社
甘縄神明神社(通称甘縄神明宮)
地図P48D2　参照P84

　鎌倉で最古といわれる神社、長谷地域の氏神。天照大御神が祭神。和銅3年(710)8月、行基(668~749)の草創により、和銅年間(708~715)に、この辺りの豪族・染谷太郎大夫時忠(藤原鎌足の玄孫という)が神明宮、麓に神興山円徳寺を建立、後に寺号を甘縄院と名付けたことに始まるという。

　源頼義(988~1075)が相模守として祈願した後、八幡太郎義家(1039~1106)が生まれたと伝えられる。源頼義が康平6年(1063)に、義家が永保元年(1081)に社を修復したという。

　「吾妻鏡」によれば、源頼朝自ら文治2年(1186)10月に社殿を修理し、頼朝(1147~99)は三度、北条政子(1157~1225)は二度、源実朝(1192~1219)は一度、お参りした記録があり、源氏と縁の深い神社といえる。

　明治維新の神仏分離令により、別当甘縄院は廃絶し、神明宮は明治6年(1873)村社に列格された。明治20年(1887)5月、長谷寺の鎮守であった五社明神社を合祀し、明治40年(1907)4月神饌幣帛料供進神社に指定された。

　天保9年(1838)建立の本殿と拝殿は、大正の関東大震災で大破した。昭和7年(1932)現社名に改め、昭和12年に社殿を新築した。平成10年、社殿屋根を修繕し現在に至る。

　甘縄の「甘」は海女のこと、「縄」は漁をする時の縄の意味だろうという説もある。

　社殿は石段を上った高台にあり、拝殿を背に由比ヶ浜と長谷の町が一望できる。

　拝殿とその奥に本殿があり、拝殿の屋根は青銅で美しく、「かつお木」という鰹節のような木が5本あり、「千木」という交差して空に突き出た木が付いている。他には、安達盛長邸跡の碑、石段の下に「北条時宗公産湯井戸」がある。背後の山を御輿嶽というところから万葉歌碑がある。

　近くには作家川端康成の邸宅があり、小説『山の音』に登場する信吾の家の裏山の神社のモデルともいわれる。

　境内では、春は椿(ツバキ)・諸葛菜(ショカッサイ)・染井吉野(ソメイヨシノ)、夏は紫陽花(アジサイ)、秋には銀杏(イチョウ)黄葉が楽しめる。

文学都市鎌倉の一端を見る
鎌倉文学館　地図P48D1　参照P85

　明治22年(1889)、横須賀線が開通すると、東京からの交通の便が良くなり、文学者が鎌倉を訪れるようになった。大正期になると、多くの文学者が鎌倉に滞在したり、暮らしたりするようになり、昭和期に入ると、

提供：鎌倉市観光協会

より良い創作環境を求め、さらに多くの文学者が鎌倉へ移り住むようになった。文学者たちは親交を深め、やがて「鎌倉文士」といわれるようになった。そして、鎌倉カーニバルの発案や貸本屋「鎌倉文庫」の開店など様々な活動をした。

　ここは、鎌倉ゆかりの文学をテーマに、様々な文学者の作品や直筆原稿や手紙、愛用品などの資料を展示・紹介している。鎌倉と文学とのかかわりを概観することのできる資料館だ。

　建物は、加賀百万石藩主で知られた前田利家の系譜、旧前田侯爵家の別邸で、昭和58年（1983）に鎌倉市に寄贈され、昭和60年に文学館として開館した。昭和初期の貴重な洋風建築物として、市の景観重要建築物に指定され、平成12年（2000）には国の登録有形文化財にも登録されている。

　「旧華頂宮邸」、「旧・荘清次郎別荘（現・古我邸）」と共に鎌倉三大洋館の一つである。広大な庭園と美しいバラ園をもち、大きなテラスでのコンサートも魅力である。

※2023年4月〜2027年3月まで長期休館予定

国の登録有形文化財
吉屋信子記念館 　地図P8B3　参照P87

　大正から昭和にかけて女性の心情を描き続けた女流作家、吉屋信子（1896〜1973）の住居。古都鎌倉の自然風土をこよなく愛し

た信子は、昭和37年（1962）この地に新居を構え、亡くなるまで住んでいた。建物は吉田五十八により設計されたもので、近代数寄屋風の住居は市に寄贈され、文化教養活動の場として利用されている。

　信子生前の、ありしままに保存されている。

四季を通じ「花の御寺」と謳われる
長谷寺 　地図P48B2　参照P86

　浄土宗系統の単立寺院。天平8年（736）の草創という、鎌倉時代以前からあったと伝えられる古寺。開山は、大和の長谷寺（奈良県桜井市）の開基である徳道（656〜?）、開基は藤原房前（681〜737）。

　観音ミュージアムに収蔵されている梵鐘（国重文）には文永元年（1264）、当時の住職真光の勧進により鋳物師・物部季重が造った旨の銘文「文永元年甲子7月15日新長谷寺」があり、この頃には長谷寺が存在していたことと、当時は「新長谷寺」と呼ば

観音ミュージアム

山門

阿弥陀堂

厄除阿弥陀如来坐像（阿弥陀堂）

れて栄えていたようだ。

　鎌倉時代正治2年（1200）、幕府重臣大江広元（1148～1225）により再建。さらに、歴代の権力者が長谷寺の伽藍や本尊の修造を行っている。足利氏らの信仰も伝えられ、さらに天文16年（1547）には北条氏康（1515～71）の寄進を受け、天正18年（1590）小田原攻めの際、豊臣秀吉（1537～1598）は禁制を下して保護を与え、天正19年、徳川家康（1543～1616）からも朱印状を受ける。さらに家康は、慶長12年（1607）堂塔伽藍を改修し、正保2年（1645）にも、老中酒井忠勝（1587～1662）（若狭小浜藩主）が堂宇を改修している。

　長谷寺は江戸時代の初め、慶長12年（1607）の家康による伽藍修復を期に浄土宗に改宗した。当時の住持玉誉春宗を中興開山としている。関東大震災で堂宇は大破、観音像も前方に倒れ掛

かり小破した。諸堂は震災倒壊後の再建である。第二次大戦終戦直後に、金戒光明寺、知恩院という浄土宗の二大本山が宗派から独立した混乱期に、当寺も独立し単立となった。

　本尊の十一面観音菩薩は高さ9.18mで、木造の仏像では日本最大級といわれる。「長谷観音」の名で親しまれる十一面観音は、奈良長谷寺の十一面観音と一木から二体を造ったとの伝説があり、奈良から海を渡ってやってきたという。鎌倉三十三観音霊場第四番である。

長谷寺境内図

観音堂

出世開運授け大黒天（大黒堂）

大黒堂

本尊十一面観世音菩薩立像（観音堂）

　下境内の大黒堂の大黒天は「出世開運授け大黒天」として知られ、鎌倉・江ノ島七福神の一つである。

　境内中段には、「見晴台」が設けられ、鎌倉の海や長谷の町並みが見渡され、三浦半島まで望むことができる。

　上境内にあがるとまず右手に、鐘楼があり、改築された阿弥陀堂がある。祀られている阿弥陀坐像は、高さ2.8mで、源頼朝（1147〜99）が42歳の厄除けに像立したと伝えられ、「厄除阿弥陀」の名で知られる。

　その左、本堂（観音堂）には、本尊やその御前立、弘法大師坐像、二十九世善誉耕美上人坐像が祀られている。本堂左手が観音ミュージアム。寺宝だけでなく、観音菩薩の教えを展示と映像で紹介している。

　散策路の、梅雨に映える40種類2,500株の紫陽花（アジサイ）と相まって鎌倉でも有数の景勝地と謳われている。

　墓地には、評論家・翻訳家の生田長江が眠る。

　緑深い観音山の裾野から中腹に広がる境内は、春は白木蓮（ハクモクレン）・染井吉野（ソメイヨシノ）、夏は紫陽花（アジサイ）・桔梗（キキョウ）、秋は金木犀（キンモクセイ）・萩（ハギ）、冬の椿（ツバキ）・梅（ウメ）など、四季を通じて花が絶えることのない「鎌倉の西方極楽浄土」と呼ばれ、花木の彩りが来山者の心を和ませる。

　他の見どころは、高山樗牛記念碑、高浜虚子句碑、大野万木（伴睦）句碑、久米正雄胸像、懸仏（国重文）など。

長谷寺フォトガイド

三十三応現身（観音ミュージアム）

懸仏（観音ミュージアム）

観音ミュージアム外観

本尊 十一面観世音菩薩立像

山門

観音堂

桜

桜

アジサイ

アジサイ

紅葉

紅葉

提供：鎌倉市観光協会

鎌倉有数の花寺
光則寺 地図 P48B2 参照 P85

　行時山光則寺は日蓮宗寺院で、長谷寺の隣にある小さなお寺。日蓮の弟子日朗（1245~1320）が、第五代執権北条時頼の側近・宿屋光則（宿谷とも）の屋敷に開いた。光則の父の名は行時、山号・寺号はこれによる。

　文応元年（1260）7月、日蓮が『立正安国論』を、宿屋光則の手を経て幕府に差し出したという。文永8年（1271）9月、日蓮が佐渡に流罪となった時、光則は日朗・日真らを預かって寺の後山の土牢に入れた。日蓮放免後に光則は入信して、自邸を寺とした。文永11年（1274）創建とされる。

　江戸時代、石州（島根県）浜田の城主・古田兵部少輔重恒（1603~1648）の後室である大梅院常学日通（日進とも）（?~1669）が再興したので、大梅寺、大梅院とも呼ぶという。

　本堂の本尊は十界曼荼羅で、木造日蓮坐像、伝日朗入牢七人衆像、大梅院像なども安置する。慶安3年（1650）建立、大正の関東大震災後、修理を加えた。境内には日朗上人が監禁された土牢といわれるものがあり、その脇には、日蓮が流罪の前夜、日蓮が日朗に送ったといわれる手紙「土籠御書」の石碑がある。他には、法華経の信者だった宮沢賢治の「雨ニモマケズ」の宮沢賢治詩碑、杉聴雨（杉孫七郎）歌碑、立正安国論の石碑など。

　瑞泉寺や海蔵寺と共に鎌倉有数の花寺として知られる。境内は、四季折々の花が絶えない美しい庭で、特に4月上旬に咲く樹齢約200年という海棠（カイドウ）（市天然記念物）や200種類に及ぶ多彩な紫陽花（アジサイ）など見事である。

鎌倉を拓いた平安時代の武将を祀る
御霊神社 地図 P48B2 参照 P86

　後三年の役で活躍した鎌倉権五郎景政（1069~?）、その勇名は鎌倉武士の誇りとなり、彼を祀り、地元では「権五郎さま」と呼び親しまれている坂ノ下にある神社。勧進年月日は未詳だが、『吾妻鏡』記述もあり、鎌倉幕府成立以前からの旧社である。

　戦の際、敵に左目を射られながら、射返した矢で敵を討ちとった話から、江戸時代に

上下ともに提供：鎌倉市観光協会

は眼病平癒、除災招福の神社とされ、現代にあっても祭神景政の旺盛な精神力は初志貫徹を祈る人々への厳しい励ましとなっている。

　現在の社殿は安永時代（1772～1781）のもので、明治45年（1912）の改築という。大正期の関東大震災でも、倒壊は免れたという。

　毎年9月18日に行われる例祭での「面掛行列」が有名で、その際に十人衆がつける仮面「爺」・「異形」・「鬼」などが境内の宝物庫に保管されている。他は、福禄寿（鎌倉七福神の一つ）、石上神社、庚申塔。

　御霊神社の境内社・石上神社の例祭は海の日に行われる。御神体は縦7尺5寸（約2.3m）、横3尺3寸（約1m）の巨石。かつて、御霊神社前の海中に岩礁があって、海難事故が絶えなかった。寛永3年（1626）9月のある夜、海面が光り輝いたので村人がこぞってこの石を引き上げ石上神社に奉納したところ、それ以来海難事故が無くなったと伝えている。

　例祭では、海神を鎮め、海で遭難した人の霊を慰める神事が行われる。神輿が海まで担がれ、船に乗せられて沖へと運ばれる。若者が御供（赤飯）を海に流すので「御供流し」とも呼ばれている神事である。

　江ノ電の踏切の向こう側は御霊神社の境内。境内の椨（タブノキ）は市天然記念物。梅雨の頃は線路沿いに紫陽花（アジサイ）が咲き誇り、絶好の写真スポットだ。

縁結び不動明王パワースポット

成就院　地図P48B3　参照P86

　真言宗寺院。かつては、明月院・長谷寺と並び、鎌倉三大あじさい寺の一つと知られた、成就院。由比ヶ浜へと続くような東側参道脇の紫陽花は見事で、昭和57年8月公開の映画「男はつらいよ・寅次郎あじさいの恋」（第29作）でも紹介された。

　しかし、般若心経の文字数と同じ262株

は、東日本大震災で被災した宮城県南三陸町へ平成28年(2016)6月に寄贈。その後、宮城県との縁で萩(ハギ)(宮城県の花)の苗を新たに植えており、9月下旬の白萩(シラハギ)で知られ、100株ほどあるという。現在の紫陽花(アジサイ)は約50株であるというが、同じ夏には蓮(ハス)が、春には岩煙草(イワタバコ)も楽しめる。

　寺は空海(弘法大師)が護摩供を修した跡に、承久元年(1219)11月、三代執権北条泰時(1183~1242)が創建したという。本堂に祀るのは本尊不動明王、大日如来、聖観世音菩薩、弘法大師座像、地蔵菩薩。その御分身として不動明王を境内に祀り、縁結び不動明王パワースポットとして知られる。

　『相模国風土記』によれば、元弘3年(1333)鎌倉幕府の攻防戦(元弘の乱)で境内が踏み荒らされ、一時、西ヶ谷へ移っていたが、江戸時代の元禄元年(1688)に中興の祖・祐尊により再び、元の地(現在地)へ再建されたと伝えられる。寺は、煩悩の数と同じ108段の階段を上った山上にあり、由比ヶ浜を一望する眺めは鎌倉を守る

Tak1701d - 投稿者自身による作品, CC 表示 - 継承 3.0,
https://commons.wikimedia.org/w/index.php?curid=22853458 による

要所であったことを偲ぶ事ができる。鎌倉三十三観音霊場第二十一番(聖観音)。

鎌倉時代には源頼朝の命により秘仏とされていた
虚空蔵堂(成就院境外仏)
地図 P48B3　参照 P85

　成就院の前の道を由比ヶ浜に向かうと、高台にお堂が見える。「明鏡山 円満院 星井寺」である。堂へ続く狭い石段の両脇に立つ「南無虚空蔵菩薩」と書かれた幟旗が印象的だ。天平2年(730)に行基がここで修行していた際、井戸から明星に似た光を放つ石を発見し、その石で虚空蔵菩薩を彫って安置したと伝わる。鎌倉十三仏霊場十三番の本尊虚空蔵菩薩は、毎年1月13日のみのご開帳。虚空とは無限の知恵を表し、御真言「のうぼうあきゃしゃきゃらばやおんありきゃまりぼりそあか」を唱えることで、頭脳明晰になるといわれる。

　境内では、春は染井吉野(ソメイヨシノ)・踊子草(オドリコソウ)、秋から冬は、冬桜(フユザクラ)・銀杏(イチョウ)が楽しめる。

鎌倉唯一の真言律宗の寺
極楽寺　地図 P48A3　参照 P85

　真言律宗寺院。正嘉年間(1257~1259)、北条重時(1198~1261)(二代執権北条義時

の三男）の発願で正永和尚が、深沢の里に建てた念仏堂（極楽寺と称していた）を起源としている。

正元元年（1259）、重時が、その念仏堂を現在の地に再建し、文永4年（1267）、重時の子長時（六代執権）（1230〜64）・業時（1241/1242〜1287）の兄弟が念仏寺だった極楽寺を、浄土院から律院に改めて、当時多宝寺にいた忍性（1217〜1303）を開山に迎えたという。

全盛期には、金堂、講堂、十三重塔などの七堂伽藍のほかに大小49の子院と12社を備えた大寺院だったという。

建治元年（1275）3月の火事で堂舎は滅びるが、開山の忍性が勧縁してことごとく旧観に復した。忍性はこの広大な境内に、慈善救済の大事業を営んだ。悲田院・療病院などの建物が並び、病者を救い、非人を救済した。精力的な活動をした忍性は、さらに土木事業も起こし、各地に道路を改修すること250余ヶ所、さらに橋梁を架けるなどしたという。

しかし、その後、合戦や火災、地震、大風、大正大震災等に遭い、寺域が狭小となった。今の境内（国史跡）は、文久3年（1863）の建立の山門と本堂（吉祥院）、再建の大師堂、転法輪殿（宝物館）、茶屋などが建

つのみ。

背後の山の中腹には、通常非公開だが、忍性塔の巨大な石造五輪塔（国重文）、伝・忍公塔（石造五輪塔）、傍らには極楽寺三世善願坊順忍と比丘尼禅忍の供養塔である石造宝篋印塔がある。

鎌倉三十三観音霊場第二十二番（如意輪観世音）・鎌倉二十四地蔵第二十番（導き地蔵）・二十一番（月影地蔵）、鎌倉十三仏第十二番（大日如来）。

桜の時季には、極楽寺の秘仏本尊の清涼寺式釈迦如来が開扉され（4月7日〜9日）、4月8日の花まつりには、開山の忍性の五輪塔の特別公開もあるようだ。

宝物館は、毎年4月25日から5月25日と10月25日から11月25日の火・木・土・日曜のみ開館（有料）。

春の染井吉野（ソメイヨシノ）の参道が名高いが、8月下旬から9月上旬の百日紅（サルスベリ）の名所としても知られる。

その他、春は藤（フジ）、夏は紫陽花（アジサイ）、芙蓉（フヨウ）、秋は彼岸花（ヒガンバナ）、山茶花（サザンカ）、冬は梅（ウメ）、沈丁花（ジンチョウゲ）と楽しめる。

極楽寺境内図

鎌倉駅西口・源氏山（扇ガ谷・佐助）エリア

JR鎌倉駅から北鎌倉駅の線路沿いの山際、扇ガ谷。豊かな自然と奥ゆかしさのある佐助エリア。鎌倉駅東口と比べ観光客も少なく落ち着いた雰囲気。海蔵寺、英勝寺、寿福寺などの静かで上品なお寺や、佐助稲荷や銭洗弁天など小さいながらも趣ある寺社が魅力。

A　　　B　　　C　　　D

源氏山入口

葛原岡神社

↑北鎌倉 P66

至 北鎌倉

→小町通り・若宮大路 P10

俊基卿終焉之地碑

藤原仲能之墓碑

俊基朝臣墓所碑・宝篋印塔

海蔵寺

薬王寺

岩船地蔵堂

1

浄光明寺

相馬次郎師常之墓

藤谷黄門遺跡碑

化粧坂碑

扇谷上杉管領屋敷遺迹碑

銭洗弁財天宇賀福神社

化粧坂切通し

源頼朝像

源氏山公園

英勝寺

護国寺

太田道灌邸旧蹟碑

源氏山

寿福寺

佐助稲荷神社

佐助稲荷下社

源氏山碑

八坂大神

2

巽神社

松谷寺及佐介文庫址碑

佐助川

鎌倉歴史文化交流館

佐助トンネル

古我邸（旧荘清次郎別邸）

ホテルニューカマクラ

JR横須賀線

長谷大谷戸

蓮蕚荐址碑

千葉ヶ谷横穴墓群

鎌倉駅西口

観光案内所

新佐助トンネル

市役所通り

法務局前

鎌倉駅

鎌倉駅

諏訪神社

鎌倉税務署

御成トンネル

鎌倉市役所前

3

散策ルート

鎌倉市役所

500m

観光協会

至 逗子・横須賀

↓由比ヶ浜・長谷・極楽寺 P47

↘大町・名越 P26

御成中

笹野邸

御成小

今小路通り

提供：鎌倉市観光協会

四季折々に花が咲く尼寺
英勝寺 地図P60D2 参照P84

　現在、鎌倉唯一の尼寺。浄土宗寺院。太田道灌（1432~86）の4代あとの太田康資（1531~1581）の娘で徳川家康の側室「お勝の方（後の英勝院）」（1578~1642）が、寛永13年（1636）11月に創建した。

　開山とされた玉峯清因（小良姫）は、水戸頼房（家康11男、水戸家創始）の娘。頼房の義母が英勝院である。住職には代々、水戸家の息女を迎えてきたので「水戸家の御殿」と呼ばれた。寺地は太田道灌の邸宅跡といい、鎌倉尼五山第一位の太平寺の遺領を引き継ぐことから、その名跡を継いだものと考えられている。

　三代将軍徳川家光は、本尊・寺地の他寺領を寄進、諸大名も続いた。

　関東大震災で山門・総門・庫裏が全壊、本堂・鐘楼が半壊したが古材をもって復旧した。

　通用門から境内に入ると左手正面に、宝珠殿と称される「仏殿」、上棟は寛永13年（1636）。堂内には家光寄進の本尊阿弥陀三尊像龕（阿弥陀如来及び両脇侍像龕）（国重文）などを安置する。仏殿裏側には寛永20年（1644）の棟札をもつ「山門」、裏側左手の近年旧梵鐘を迎えた「鐘楼」、仏殿右側奥に英勝院を祀る「祠堂（御霊屋）」、「祠堂門（唐門）」があり、徳川家創建時の伽藍は貴重で、いずれも国重文である。

　境内の侘助（ワビスケ）と唐楓（トウカエデ）は、江戸時代からの古木といい、市天然記念物。春は椿（ツバキ）、藤（フジ）、夏は紫陽花（アジサイ）、桔梗（キキョウ）、秋は彼岸花（ヒガンバナ）、紅葉、冬は水仙（スイセン）、梅と四季折々に花が咲く。さらに、報国寺に負けないほどの竹庭を持つ。こぢんまりとしているが趣のある寺である。

　通用門にはその日に観賞できる花の札が掲げられている。

鎌倉一の美しさを誇る石畳の参道
寿福寺 地図P60D2 参照P86

　臨済宗寺院。正治2年（1180）、北条政子（1157~1225）は亡くなった頼朝（1147~99）や子供たちの霊を慰めるために伽藍建立を発願した。二代将軍源頼家（1182~1204）は、頼朝の父・源義朝の旧邸跡「鎌倉之盾」に、明菴栄西（1141~1215）を招いて造営させたという。三代将軍実朝（1192~1219）もしばしば訪れ、総門・山門・仏殿・庫裏・方丈などを建て、最盛期には七堂伽藍に15ヶ所の塔頭を擁する大寺であったという。

　歴史の中で、堂は度々火災により焼失・再建を繰り返し、現在建っている堂宇（外門・山門・庫裏など）は、江戸時代天保年間（1830~1844）に再建されたものという。寺内で一番古い仏殿も江戸時代の建立。

鎌倉五山の第三位。鎌倉五山は、「第1位 建長寺」「第2位 円覚寺」「第3位 寿福寺」「第4位 浄智寺」「第5位 浄妙寺」と、位と共に制定された。

鎌倉三十三観音霊場第二十四番（本堂（非公開）、十一面観世音菩薩）。鎌倉二十四地蔵第十八番（地蔵菩薩立像（国重文、鎌倉国宝館に寄託））。

境内は国指定史跡となっており、静かな石畳の参道が総門（外門）から中門の手前まで続いている（参拝可能）。柏槙（ビャクシン）は市天然記念物、夏の紫陽花（アジサイ）と、秋の紅葉も美しい。同じく公開されている境内裏手の墓地（絵かきやぐら）には、北条政子と源実朝のものと伝える墓（五輪塔）がある。俳人の高浜虚子・高浜年尾（虚子の子）・星野立子（虚子の次女）、小説家・大佛次郎、詩人・菊岡久利の墓もある。

例年は、正月、ゴールデンウィークに、仏殿・鐘楼・庫裏がある境内参拝が可能である。

鎌倉の歴史・文化を体感する
鎌倉歴史文化交流館
`地図P60C2` `参照P85`

鎌倉の歴史的遺産・文化的遺産を学び、体験し、交流できる施設。鎌倉の歴史・文化を通史的に紹介し、あわせて鎌倉で発掘された出土品などを公開している。

鎌倉・扇ガ谷の谷戸に佇むこちらの施設では、プロジェクションマッピングやVR等、最新デジタル技術を取り入れた展示を通じて、鎌倉の歴史をリアルに体感できる。世界的に著名な建築家ノーマン・フォスター卿の事務所が手がけた個人住宅をリノベーションし、平成29年（2017）に開館した。最新の発掘調査の成果をふまえた企画展、講座やワークショップなどの各種イベントも随時

開催。

本館では流鏑馬、鎌倉彫、正宗工芸の刀剣など「現代に受け継がれる中世のワザ」を紹介するコーナーや、源頼朝が居を構えてから都市として発展した鎌倉の中世の様相を紹介する展示コーナーや、観光地として発展した鎌倉の近世〜近代の様子を紹介するコーナーがある。また、別館には発掘された出土品を通して、鎌倉の地に生きた人々の暮らしの様子を紹介する考古展示室などもある。

随所に施された特殊な建築資材、中世の景観を彷彿とさせる庭園、高台からの海の眺望も見どころだ。

鎌倉彫刻の傑作、阿弥陀三尊像
浄光明寺 `地図P60D1` `参照P86`

もとは四宗兼学であった、扇ガ谷にある真言宗寺院。浄土系の真阿（真聖国師）（?〜1296）を開山、六代執権北条長時（1230〜1264）を開基として建長3年（1251）に創建という。鎌倉時代中頃から南北朝、室町時代と激動の時代とともにあった。

鎌倉時代は北条氏の菩提所であり、その後、建武2年（1335）足利尊氏（1305〜1358）蟄居の寺として足利氏との関係もでき、鎌倉御所の保護のもとで栄えたというが、足利成氏（1434/1438〜1497）が鎌倉を捨て、下総国古河（現・茨城県）に奔った後は急速に

阿弥陀堂

衰えた。

寛文年間（1661～1673）になり、開山坊の跡（現在の地）に再興されたという。鎌倉三十三観音霊場第二十五番（千手観世音）、鎌倉二十四地蔵第十六番（網引地蔵）・十七番（矢拾い地蔵）。

山門を入ると左手に客殿、庫裏、右手に不動堂、鐘楼などがあり、その先の一段高くなった敷地に寛文8年（1668）再建の阿弥陀堂（本堂）と収蔵庫などがある。本尊は、収蔵庫に安置されている、正安元年（1299）の作、阿弥陀三尊像（国重文）で、鎌倉彫刻の傑作と名高い。

木造地蔵菩薩立像は、通称を「矢拾い地蔵」という。足利直義（1307～1352）（室町幕府初代将軍足利尊氏の同母弟）が護良親王（?～1335）の鎮魂のために建立した慈恩院の旧像と伝え、戦いで矢が尽きた直義に拾い集めた矢を渡してこの地蔵が救ったとの伝説がある。

収蔵庫の奥が千手観世音を祀る観音堂（非公開）である。

裏山に向かうと、岩壁に大きなやぐらが掘られており、石造地蔵菩薩坐像が祀られている。その昔、由比ヶ浜の漁師の網にかかって引き揚げられたことから「網引地蔵」と名付けられ、背中には正和2年（1313）の銘が刻まれている。さらに登ると冷泉為相（1263～1328）の墓といわれる宝篋印塔形式

の石塔が立っている（国指定史跡）。山を隔てた境内には五輪塔「覚賢塔」（国重文）がある。

墓苑には、劇作家・井上ひさし、俳優・殿山泰司が眠る。墓地は、寺の山門を入らず、道を隔てた反対側の路地に入り、直角に曲がった先にある。

国史跡の境内、槙（マキ）・柏槙（ビャクシン）は市天然記念物。萩（ハギ）の名所としても知られ、秋になると彼岸花（ヒガンバナ）と共に境内に彩りを添える。他の季節では、春は桜と躑躅（ツツジ）、夏は紫陽花（アジサイ）、冬は梅と水仙（スイセン）が楽しめる。

鎌倉奥座敷の花の寺
海蔵寺　地図P60C1　参照P84

臨済宗寺院。室町時代の応永元年（1394）に鎌倉公方二代足利氏満（1359～1398）の命により、扇谷上杉氏の四代目上杉氏定（1374～1416）（開基）が、心昭空外（1329～1400）（開山）を招いて創建したという。

石段を登り山門をくぐり境内へ、正面に龍護殿という本堂がある。源頼朝の暗殺を企て捕えられたという平景清とその娘・人丸姫の伝説が残された十一面観音、心昭空外坐像が安置されている。その左側にあるのが、天正5年（1577）建立の薬師堂（仏殿）で、安永6年（1777）に浄智寺から移したもので、本尊薬師三尊像、十二神将像な

どを祀る。薬師三尊の中尊薬師如来坐像は、「子護薬師」「啼き薬師」とも言われ、薬師像の仏面が胎内に納め祀られている。薬師如来は、鎌倉十三仏第七番。

薬師堂左脇の道を進むと「十六ノ井」。これは鎌倉期様式のやぐらで、底に16個の丸穴があり清水をたたえている。理由は不明だが恐らく納骨穴という。

鎌倉三十三観音霊場第二十六番（十一面観世音）。鎌倉二十四地蔵第十五番（岩船地蔵）。

他の見どころは、清水基吉句碑、金子一峰句碑、門前右側道端に鎌倉十井の一つ「底脱ノ井」など。

春の雪柳（ユキヤナギ）、梅雨期の紫陽花（アジサイ）、夏の凌霄花（ノウゼンカズラ）、芙蓉（フヨウ）、秋の桔梗（キキョウ）、山茶花（サザンカ）、紅葉、冬の水仙（スイセン）、福寿草（フクジュソウ）と四季の草花が絶えない花寺として人気があり、特に4月に見頃を迎える海棠（カイドウ）と、9月に見頃を迎える萩（ハギ）が有名。藁葺き屋根の庫裡と山々に抱かれるようにして佇む境内に立つとまるでタイムスリップしたような錯覚に陥る。

鎌倉の最強出世開運スポット
佐助稲荷神社　地図P60A2　参照P86

閑静な住宅街の奥、銭洗弁財天と鎌倉大仏の中間に位置し、鎌倉を取り巻く尾根筋の、佐助の谷の奥まったところに位置する。もと鶴岡八幡宮の非常の際の御旅所であった。

社伝によると、源頼朝が伊豆に流されていたとき夢のお告げで旗挙げを促した「かくれ里の稲荷」が佐殿（頼朝の通称）を助けたから「佐助稲荷」と名付け祀ったという。建久年間（1190～1199）頼朝が畠山重忠

（1164～1205）に命じて再建させたという。

明治初年には鶴岡八幡宮の末社として存していたが、明治42年（1909）6月に独立した。

赤い幟旗に彩られた数十の鳥居をくぐり、階段を登りつめると、明治28年（1895）4月建築の本殿、拝殿などの社殿がある。

参道から神狐、境内には所狭しと白狐が祀られ、赤いたくさんの鳥居に囲まれて異次元空間へと導かれるところ。新緑を楽しんだ春が終わると、初夏には「霊狐泉」周辺の岩場に小さな紫色の岩煙草（イワタバコ）が咲き、秋は紅葉が赤く染まり木々の間から光を受けて山を彩り、銀杏（イチョウ）の葉は黄色く輝き、落ち葉は黄色い絨毯を敷き詰めた様に彩る。

裏山からハイキングコースへもアクセス可能。

鎌倉随一の金運スポット
銭洗弁財天宇賀福神社
地図P60B1　参照P86

扇ガ谷の八坂大神の境外末社。境内洞窟にある清水で硬貨などを洗うと増えると伝えられていることから、銭洗弁財天（銭洗弁天）の名で知られる。

天下安泰を願う源頼朝に、巳の年の文治元年（1185）、巳の月、巳の日の夜、「この水で神仏を供養すれば天下は太平に治まる」という夢のお告げがあり建てられたと伝

提供：鎌倉市観光協会

える。その後、第五代執権北条時頼（1227~63）が銭をこの水で洗い、一家繁栄を祈ったことにならい、人々が銭を洗って幸福利益を願うようになったという。

『相模風土記』に「隠里。村の西方佐助谷にある大岩窟を云ふ。往古夜中に人語の響あり。聞くに悉く吉事のみを語りしと云ふ。又窟中に銭洗井と云ふあり、福神此の水にて銭を洗ふと云伝ふ。鎌倉五水の一なり」とある。古来より信仰の対象として人気があった事がわかる。

弁財天の縁日である巳の日は特に御利益があるとされ、一段と賑わいを見せる。霊水「銭洗水」は、江戸時代にされた「鎌倉五名水」の一つ。

神仏習合によって久しく弁財天（吉祥天女）の名で親しまれていたが、明治の神仏分離令により神社となった。

昭和33年（1958）5月建立の石鳥居と多数の木造鳥居が立ち並ぶ。

近年は恋愛成就のパワースポット
葛原岡神社　地図P60B1　参照P85

社地は、鎌倉七切通しの一つ、仮粧坂切通しを登った、源氏山公園に接している。

祭神日野俊基（?~1332）は、鎌倉幕府の荒廃を憂い、後醍醐天皇を中心とした倒幕計画を2度も進めるが、1度目は六波羅探題

に捕えられ鎌倉に送られ、2度目の元弘2年（1332）6月3日には、倒幕計画の中心人物としてこの葛原岡で最期を迎えた。辞世の句「秋をまたで 葛原岡に 消ゆる身の 露のうらみや 世に残るらん 古来一句無死無生萬里雲 長江水清」。翌年、ついに鎌倉幕府は滅亡し「建武の中興」がはじまる。

明治天皇は俊基の足跡を明治維新の先駆けとして追慕、明治17年（1884）勅旨をもって従三位を追贈、同20年に俊基を祭神として神社を創建、宮内省よりの下賜金をもって社殿を造営、鎮座祭が執行された。

以来、鎌倉由比ヶ浜の総鎮守として、また「建武の中興」への道を開かれたことから「開運の神様」、また文章博士として優れた能力発揮されたことから「学問の神様」として篤く崇敬されている。

神社の縁結び石の祭神は大黒天であり、二宮尊徳（金次郎）邸の楠木で作られたという。良縁願いを叶えるため、平成22年（2010）冬、改めて御霊を「男石」・「女石」として「縁結び石」として祀った。

境内では、春は染井吉野（ソメイヨシノ）・踊子草（オドリコソウ）が、秋から冬は冬桜（フユザクラ）と銀杏（イチョウ）が彩る。

社殿左には「俊基卿終焉之地」の碑がある。源氏山公園の日野俊基墓（宝篋印塔）は、国指定史跡。

JR北鎌倉駅を降りた瞬間に、自然と調和した古都の趣が味わえるエリア。大きな伽藍を擁する円覚寺、建長寺を筆頭に、名月院や浄智寺、円応寺などの鎌倉時代から続く寺社に、かつて縁切寺と呼ばれた東慶寺など大小の寺院が並び、禅宗が生まれた宗教都市鎌倉を今に伝える。

元寇の戦死者を慰霊する
円覚寺　地図P66B1　参照P84

鎌倉五山第二位の、北鎌倉駅前にある大きなお寺。臨済宗円覚寺派大本山。塔頭16院。

元寇（文永・弘安の役）の戦死者を慰霊するため、そして、父・北条時頼（第五代執権）(1227~63) の建立した建長寺に匹敵す

るような大寺院建立を発願した、時の八代執権・北条時宗 (1251~84)（開基）が、弘安2年 (1279) に宋から無学祖元（仏光禅師）(1226~86)（開山）を招いて弘安5年 (1282) 12月に開堂供養が行われ、創建したとされている。

弘安の役前後における時宗の采配は、無学祖元による進言・激励による所が大きいと

舎利殿

宝冠釈迦如来坐像

されている。

延慶元年（1308）、円覚寺は、建長寺と共に九代執権貞時（時宗の子）（1271～1311）の申請によって定額寺となる。定額寺は平安朝以来の官寺の制度である。ここに北条家の私寺から、官寺としての性格を付与され、後に武家の官寺の制度である五山の制度への準備がなされた。堂宇を整え塔頭も42院もそなえ、大いに栄えたというが、度々の火災や地震により焼亡・再建を繰り返してきた。

正慶2年（1333）の鎌倉幕府滅亡で北条氏の庇護は失うも、当時住職であった夢窓疎石（1275～1351）には後醍醐天皇や足利尊氏・直義の信任が深く、引き続き庇護をうけて寺勢は保たれた。小田原北条氏や豊臣秀吉の時代も寄進があり、ある程度の保護がなされており、江戸幕府からも保護をうけて伽藍を復興、江戸時代後期天明年間（1781～89）に、中興開山である誠拙周樗（大用国師）（1745～1820）が僧堂・山門等の伽藍を復興した。が、大正12年（1923）関東大震災でほとんどの建物が倒壊した。

総門・三門・方丈・舎利殿などは早くに復興したが、禅宗様式の仏殿は昭和39年（1964）にコンクリート造りで再建された。本尊は木造宝冠釈迦如来坐像。仏殿右側の石段を登ると弁天堂と洪鐘（鐘楼）（国宝）がある。関東で最も大きい高さ259.5cmの洪鐘は、時宗の子である貞時が正安3年（1301）、国家安泰を祈願して寄進したもの。弁天堂からは展望が楽しめる。

仏殿後ろが法堂跡、その後方には唐門と方丈がある。天保10年（1839）再建の向唐門で、方丈は昭和4年（1929）建立の入母屋造の壮大な建物。方丈の後ろ側、塔頭正続院（舎利殿）の入口付近の妙香池は、創建当初よりある放生池で、江戸時代初期の絵図に基づき、平成12年（2000）、方丈庭園と合致した自然の姿に復元、盛時の境地が偲べる。総門前の前庭（白鷺池周辺）と共に、「円覚寺庭園」として国指定名勝である。

鎌倉で唯一の国宝建造物、釈迦の歯が祀られている「舎利殿」は、塔頭正続院の昭堂（禅寺で、僧堂と後架との間にある堂）であった。現在の建物は、天正元年（1573）北条氏康（1515～71）によって西御門にあった

尼寺・太平寺の仏殿を、永禄6年（1563）の火災後に移築したものとされる。室町時代中期（15世紀）頃の建築物と推定され、日本最古の唐様（禅宗様）建築物。

洪鐘奥の墓地に、映画監督・小津安二郎の墓、その対面に映画監督・木下恵介の墓、また小説家・中里恒子の墓もある。

塔頭松嶺院には、女優・田中絹代、男優・佐田啓二、小説家・中山義秀、小説家・開高健、詩人・牧羊子（開高健の妻）、文芸評論家・長谷川天渓、文藝春秋社長（第3代）・池島信平、漫画家・清水崑の墓がある。塔頭黄梅院には、議会政治の父・尾崎行雄の墓がある。

境内は全域が国史跡であり、柏槇（ビャクシン）・薄黄木犀（ウスギモクセイ）は市天然記念物。その他、境内では、春は染井吉野（ソメイヨシノ）、白木蓮（ハクモクレン）、夏は紫陽花（アジサイ）、秋は紅葉、冬は姫蔓蕎麦（ヒメツルソバ）、梅など季節ごとに楽しめる。

通常非公開の舎利殿は、例年正月三が日およびゴールデンウィークの一部期間や11月上旬の宝物風入れ時に公開される。

北条時宗を祀る
円覚寺塔頭佛日庵

地図P66B1　参照P87

北条時宗（1251〜84）はこの場所に小さな庵をむすび、禅の修業を行ったと言われている。弘安7年（1284）に時宗が亡くなると、

円覚寺境内図

黄梅院
開山塔
開山堂　禅堂　●白鹿洞
舎利殿　正続院　佛日庵
一撃亭　如意庵
妙香池
正伝庵　虎頭岩
書院
大方丈
寿徳庵
柏槇　庫裏
唐門　宗務本所
法堂跡　蔵六庵
龍隠庵　居士林
仏殿
選仏場　浴室跡　洪鐘（鐘楼）
弁天堂
富陽庵　山門
松嶺院　帰源院
白雲庵
千仏堂（桂昌庵）
雲頂菴　伝宗庵　受付　休憩所
総門　裏門　臥龍庵
●北鎌倉古民家ミュージアム

0m　50m

JR横須賀線
北鎌倉
白鷺池
バス停（北鎌倉）
バス停（北鎌倉）
大型バス駐車場

お堂の下に遺体を安置し、間もなく廟所として創建されたという。

のちに時宗夫人の覚山尼や北条貞時も葬られ北条得宗家の廟所となり、前者のためには慈氏殿、後者のためには無畏堂が建てられた。また南北朝時代に北条高時も合葬され、同光塔も設けられた。長い間、円覚寺の輪番所であって、小田原北条氏の一族鶴隠周音の住持の時、庵の南に玉泉軒を営み、佛日庵と称し塔頭の一つとして中興した。

境内にある開基廟には、時宗が禅の修業をしていたときに信仰していた十一面観音坐像（鎌倉観音霊場第三十三番）と八代

執権北条時宗、九代貞時、十四代高時の各木像をまつり、北条家歴代の位牌も安置している。本堂には南北朝時代の地蔵菩薩坐像（鎌倉地蔵霊場十四番）と鶴隠周音木像が安置。また、天明年間（1781〜88）に円覚寺山門建立の時に使われた長さ48尺（約14.4m）の物差しが軒下に掛けられている。

　庭に咲く四季折々の花は一年を通じて楽しませてくれる。まるで天を舞う龍のような長寿の木・臥龍梅をはじめ、中国の近代文学の元祖・魯迅（1881〜1936）から昭和8年（1933）に贈られた白木蓮（ハクモクレン）や泰山木、大佛次郎夫人から贈られた枝垂れ桜など、決して広くはない境内に、当時から今に流れる歴史を感じさせるものが詰っている。

かつては女人救済の縁切り寺とよばれた
東慶寺　地図P66A1　参照P86

　開山は覚山志道尼（北条時宗室）（1252〜1306）、開基は九代執権北条貞時（時宗の子）（1271〜1311）と伝え、鎌倉時代の弘安8年（1285）に創建されたという臨済宗円覚寺派の寺院。寺伝では、開創時に縁切寺法の勅許を得たという。

　女性から離婚できなかった封建時代に、当寺に駆け込めば逗留・離縁ができる女人救済の寺として、駆入寺法・縁切寺法を引

き継いできたという。後世、当寺を天下に著名にした寺法であり、縁切寺と世間で言われるようになったのは、江戸時代中期になってからである。

　後醍醐天皇皇女（用堂尼と伝える）が弟の護良親王（?〜1335）の菩提を弔うため五世住職となり、さらに関東公方足利氏の女が代々住持となり、鎌倉尼五山の第二位に列せられる格式の高い尼寺になった。

　室町時代後期には小田原北条氏、豊臣秀吉からも庇護を受け、江戸時代初期には豊臣秀頼の女が千姫（徳川家康の孫）の養女として命を助けられ、家康の命で東慶寺に入寺。のちに二十世天秀尼（1609〜1645）となり、江戸幕府将軍家との縁により創建以来の栄華を極めた。松ヶ岡御所と呼ばれ、江戸登城折には、大名の行列は道を譲るほどであったという。高辻前中納言の女が二十二世玉淵尼（玉淵法盤）となったのは元文2年（1737）であるが、元々病弱であったらしく住持となって直ぐに京へ戻った。以降明治に至るまでの130年間、東慶寺には尼は居たが住持はいなかった。それで、塔頭蔭涼軒が、院代（住持代行）を勤めたという。

　明治初年の廃仏毀釈の混乱で、堂宇・梵鐘が他所に移り、明治4年（1871）4月、縁切りの寺法は廃止となり、明治6年には裁判による女性からの離婚が認められ、駆込

み寺としての役割を終えた。さらに明治36年（1903）に古川尭道（1872～1961）が東慶寺初の男性住職として赴任、尼寺の歴史も幕を閉じた。

明治38年（1905）、建長寺・円覚寺両派管長・釈宗演（1860～1919）禅師が入寺し、荒廃した当寺を復興し、中興開山となった。

盛時には数多くの塔頭があり、付属の寺役所もあったが今は廃絶。本堂・書院・庫裏・方丈などの建物はすべて昭和の再建となっている。境内丘上には約7万冊にも及ぶ貴重な専門書を収蔵する日本有数の仏教文庫「松ヶ岡文庫」がある。

小さな山門から谷戸と呼ばれる鎌倉独特の地形の境内入ると、左に鐘楼がある。梵鐘は観応元年（1350）の補陀洛寺のものである。奥に続く参道の右側に、御所寺の面影を残す書院（非公開）、本尊釈迦如来坐像を祀る本堂には、二十世天秀尼像、開山覚山尼像と五世用堂尼像が安置されている。さらに、くつろいだ姿勢と女性的なやさしい顔立ちに特色の強い水月観音像を祀る水月堂、東慶寺伝来の寺宝を展示する松岡宝蔵が並んでいる。

鎌倉三十三観音霊場第三十二番（聖観音）。東慶寺は文化人らの墓が多いことでも有名で、墓地には仏教学者・鈴木大拙のほか、哲学者・西田幾多郎、岩波書店創業者・岩波茂雄、岩波書店会長・小林勇、哲学者・和辻哲郎、哲学者・安倍能成、哲学者・三枝博音、歌人・西郷春女（春子）、画家・前田青邨、文芸評論家・小林秀雄、戦争終結のために力を尽くした海軍軍人・高木惣吉、小説家・高見順、小説家・佐佐木茂索、小説家・ささきふさ、小説家・野上弥生子、小説家・田村俊子、小説家・真杉静枝、小説家・赤瀬川隼、小説家・堀田善衛、翻訳家・

神西清、歌人・太田水穂、歌人・四賀光子、歌人・川田順、俳人・田島絹亮、評論家・磯田光一、露文学者・湯浅芳子、漫画家・那須良輔、オリンピック三段跳金メダリスト・織田幹雄、東京五輪女子バレー優勝監督・大松博文、前衛美術家・赤瀬川原平、哲学者・谷川徹三らの墓がある。

春の梅、梅雨の季節の紫陽花（アジサイ）、秋の秋桜（コスモス）・杜鵑草（ホトトギス）から紅葉が見事な寺である。かつては男子禁制の寺として、寺への出入りが厳しく取り締まられていたが、戦後は花の寺として境内を整備し、現在では多くの参拝客を迎え入れるようになった。境内にある「白蓮舎」では、梅の季節と紫陽花・花菖蒲の季節にお茶席が立つ。鎌倉ならではの一時が味わえる。

苔むした参道の階段と、鐘楼のある山門が印象的

浄智寺　地図 P66A2　参照 P86

臨済宗寺院。北条宗政（1253～1281）（八代執権時宗の弟）の菩提を弔うために、宗政の子師時（1275～1311）（第十代執権）が弘安4年（1281）頃に、南洲宏海（?～1303）を招いて創建したという。宏海は、亡師兀菴普寧（1197～1276）を開山に据え、大休正念（1215～89）を請待開山とし、自分は準開山、二世と称したという。鎌倉五山の第四位。

最盛期には七堂伽藍を備え、塔頭も11寺院を誇ったが、鎌倉公方滅亡後は次第に衰退、戦国時代小田原北条氏、徳川家康も保護したが徐々に衰微したようだ。江戸後期天保年間（1831～1845）に復興したが、大正期の関東大震災で建物のほとんどが倒壊した。

現在、現存する鐘楼門や、仏殿（曇華

殿)、書院、山門などが昭和期に再建され、曇華殿に本尊が安置される。それは三世仏(阿弥陀、釈迦、弥勒)の各坐像で、それぞれ過去、現在、未来を代表する如来としている。いずれも法衣を台座から垂らした中国宋朝風なのが特徴だ。鎌倉三十三観音霊場第三十一番(聖観音)、鎌倉二十四地蔵第十二番(聖比丘地蔵、鎌倉国宝館に寄託)。

墓地には小説家・澁澤龍彦、女性日本画家・小倉遊亀、小説家・阿川弘之、小説家・島木健作、評論家・磯田光一らが眠る。

参道入口手前に甘露ノ井(鎌倉十井の一つ)。国史跡の境内、高野槇(コウヤマキ)・立彼岸(タチヒガン)・柏槇(ビャクシン)は、市天然記念物。

春は三椏(ミツマタ)・著莪(シャガ)・白雲木(ハクウンボク)、夏は夏椿(ナツツバキ)・桔梗(キキョウ)、秋は山茶花(サザンカ)、冬は梅(ウメ)が楽しめる。

緑や苔、階段、建築物と、全てが良い具合に調和した趣のある寺。また、境内奥の洞窟には弥勒菩薩の化身と言われている、鎌倉江ノ島七福神の一つである石像布袋尊が祀られている。

紫陽花といえば明月院、明月院といえば紫陽花

明月院 地図P66B1 参照P87

臨済宗建長寺派寺院。第五代執権北条時頼(1227〜63)は邸の傍に最明寺を建立。康元元年(1256)、時頼はここで出家した。最明寺は時頼没後に廃絶したが、その子で第八代執権北条時宗(1251〜84)が最明寺跡に、蘭渓道隆(1213〜78)を開山に禅興寺を創建した。文永5年(1268)か同6年頃という。

永徳3年(1383)の資料の中に鎌倉公方足利氏満から関東管領上杉憲方にあてた書状に明月院の名が記されており、それ以前に禅興寺の塔頭明月庵として、開基上杉憲方(1335〜94)、開山密室守厳として成立していたようだ。以後、繁栄を維持し、享徳3年(1454)まで健在であったと思われる。他の寺院の衰退をよそに繁栄は維持されたのは珍しいといえる。

禅興寺は一時期、関東十刹の一位にまでなったが、明治初めに廃寺となり、塔頭明月院だけが残った。寺宝に上杉氏の祖といわれる上杉重房座像(国重文)がある。

山ノ内の浄智寺の向かいの谷を明月谷という。「あじさい寺」として有名で、山門下の正面参道だけでなく、渓谷道、中参道、帰る際に通る車道など、境内を埋める数千本のあじさいは明月院ブルーとも言われるほど有名だ。

国史跡の境内には鎌倉最大級のやぐらといわれる「明月院やぐら」がある。このやぐらは、上杉憲方の墓と伝わる宝篋印塔であり、壁面に釈迦如来、多宝如来と思われる像が浮き彫りされている。基壇上部には十六羅漢と思われる浮き彫りも施されていることから「羅漢洞」とも呼ばれている。また、北条時頼廟所があり、脇には北条時頼の墓と伝わる変形した宝篋印塔風な塔もある。

鎌倉三十三観音霊場第三十番（聖観音）。明月院墓苑には、詩人・尾崎喜八が眠る。

聖観音菩薩坐像を祀った本堂（方丈）奥の裏手に広がる庭園は、通常非公開だが3,000株という花菖蒲開花期と紅葉期のみ公開される。「悟りの窓」という円窓から見える絵のような景観は、紅葉でも花菖蒲でもおススメだ。また、境内の茶屋「月笑軒」では、北鎌倉の谷戸の自然に囲まれて、和菓子や抹茶のほか、ソフトドリンクをいただける。

リラの部屋

葉祥明美術館　地図P66B1　参照P87

美術館、それ自体が一冊の美しい「絵本」。平成3年（1991）開館。イタリア・ボローニャ国際児童図書展グラフィック賞受賞作家である葉祥明（本名・葉山祥明）の初期の作品から水彩画、油彩画、デッサン、直筆言葉、そして様々なテーマを扱った絵本を展示。季節ごとに替わる常設展や、企画展を開催している。

葉祥明は昭和21年（1946）7月7日に熊本市で生まれ、立教大学に進学した。在学中にファッションイラストレーターを目指すものの、同世代の絵本作家「谷内こうた」の作品を偶然目にしたことで、絵本の制作を始め、昭和48年（1973）に絵本『ぼくのべんちにしろいとり』で絵本作家としてデビューした。葉祥明美術館開館の年には、郵政省の「かもめーる」に挿絵が使用された。

その後、アンパンマンの作者である「やなせたかし」に見出され、「メルヘン作家」として活躍の場を大きく広げた。株式会社サンリオからポストカードやレターセットなどのステーショナリーの他、タオルや洋食器など生活用品の多くにもイラストが使用され、美しい情景を描いた風景画が人気を博した。そ

©YOH Shomei
葉祥明／水彩／「春の風」

して、新作を発表し続け、近年では、「幸せとは何か、生きるということはどういう事か」という哲学的なテーマを分かりやすく綴られた本が注目を集めている。

館内では作品約80点が常設展示されており、2階では5才のクロウドという男子や、10才のリラという女の子をイメージした部屋などが楽しめる。

日本初の本格的禅寺

建長寺 地図P66C2 参照P85
（けんちょうじ）

鎌倉五山の第一位で、初めて「禅寺」と称した、中国風の禅の専門道場寺院であり、臨済宗建長寺派の大本山である。

鎌倉幕府第五代執権北条時頼(1227~63)（ときより）が、宋から高僧蘭渓道隆(大覚禅師)(1213~78)を招いて、建長元年(1249)に創建し、年号に因んで寺号にしたという。（らんけいどうりゅう だいかくぜんじ）

そして、時宗・貞時・高時らの外護を得て（ときむね さだとき たかとき）（げご）大いに宗風を挙揚し、伽藍がほぼ完成したのは建治2年(1276)頃といい、僧侶約1千（けんじ）人、寺領も膨大で末寺も400以上、塔頭（とうちゅう）49院(現在は10院)を数えた。

総門・三門・仏殿・法堂などの主要な建物がほぼ直線上にならび、庫院(庫裏)と僧堂（くり）(修行道場)とが三門から仏殿に達する回廊の左右にあり、浴室と西浄(東司)も三門（とうす）前の左右に造られるなど、左右対称の大陸的な伽藍配置であったという。

伽藍は度重なる火災や地震で、創建当時の建物は全て失うが、江戸幕府の保護のもと五山第一の寺格にふさわしい景観が維持された。再建の伽藍は、盛時の禅林風格を伝え、江戸時代以降に、塔頭も復興しているが非公開。さらに平成に入り大庫裏(応真閣)・得月楼(客殿)(平成15年建造)、（とくげつろう）（だいてつどう）そして僧堂大徹堂などの再興を果たし、その

姿を今に伝えている。

総門から境内に入り三門の右手が、建長7年(1255)物部重光鋳造、北条時頼寄（ものの べ しげみつちゅうぞう）進の梵鐘(国宝)。夏目漱石は、この鐘を（ぼんしょう）「鐘つけば銀杏ちるなり建長寺」と詠んだ。

建長寺境内図

地蔵菩薩坐像（仏殿）

三門

仏殿

雲龍図・苦行像（法堂内）

三門

唐門

方丈庭園

　安永4年（1775）「狸和尚」の伝承で知られる第201世住職万拙碩誼によって再建された三門（国重文）は、東日本最大の三間二重門として知られ、楼上に釈迦如来像や五百羅漢を祀っている。

　樹齢約800年という柏槙（市天然記念物）の古木7本の向こうが仏殿（国重文）で、

東京増上寺の御霊屋を正保4年（1647）に移建したもの。堂内では建長寺本尊の地蔵菩薩坐像を安置するほか、千体地蔵、心平寺地蔵、伽藍神像などもある。

　仏殿の後ろが、文化11年（1814）再建の法堂（国重文）である。関東最大の法堂で、本尊千手観音菩薩坐像を安置する。天井の

得月楼と庭園

雲龍図は、平成12年（2000）に小泉 淳作によって描かれたもので、平成14年（2002）10月に半解体工事が完成し、建長寺の創建750年を記念して、翌年天井に掲げられた。

法堂左手の唐門（国重文）は、桃山風向唐破風という、16世紀後半の日本の屋根の建築様式で作られた、漆塗りの四脚門である。寛永5年（1628）作られた門で、東京増上寺の霊屋の門を、正保4年（1647）に仏殿・西来門と共に、徳川家光より譲り受けて移建して、方丈（龍王殿）の正門として使用といい、平成23年（2011）5月に修復した。

大庫裏左奥の方丈は、総門（般舟三昧院の正門）と同じく、昭和15年（1940）に京都般舟三昧院の天明3年（1783）建造の講堂を移築したものである。

こうして、大正大震災からの復興に努め、昭和29年（1954）には開創700年の遠諱を行っている。

境内全域が国史跡となっており、方丈背後に、江戸初期という心字池を中心とした庭園（国指定名勝）がある。

他に石塚友二句碑など。

建長寺塔頭回春院に至る道の左の墓地に、映画監督・大島渚、回春院墓地に小説家・五味康祐、小説家・葛西善蔵、正統院墓地に川柳作家・井上剣花坊の墓がある。

11月上旬には、宝物風入れが行われる。境内では、春は白木蓮（ハクモクレン）と桜（サクラ）、夏は岩煙草（イワタバコ）、秋には萩（ハギ）・紅葉が楽しめる。

約250段の階段を登り切った、一番奥にある半僧坊（明治22年（1889）建立）は、建長寺の鎮守の社。ここは鎌倉有数の景勝地、そこからは天園ハイキングコース（通称鎌倉アルプス）へ通じる。一部区間封鎖中。

鎌倉三十三観音霊場第二十七番（妙高院聖観世音菩薩）・二十八番（建長寺千手観音菩薩）・二十九番（龍峰院聖観世音菩薩）、鎌倉二十四地蔵第九番（心平寺地蔵）・十番（済田地蔵）・十一番（半僧坊勝上ケン地蔵尊）。

知る人ぞ知る限定公開の尊氏ゆかりの寺
長寿寺　　地図P66B2　参照P86

臨済宗建長寺派に属する長寿寺は、足利尊氏（1305〜1358）がその邸跡に創建したという。尊氏は長寿寺と縁が深く、長寿寺の寺名は尊氏の関東での法名「長寿寺殿」から付けられたと伝えられている。

尊氏亡き後、第四子で初代鎌倉公方となった足利基氏（1340〜67）が父の菩提を弔うため開山に古先印元（1295〜1374）を迎えて七堂伽藍を備えた堂宇を建立したのだとも伝えられている。建武3年（1336）の古文書には、長寿寺を諸山に列したという尊氏の記録があることから、基氏以前の建立と考えられているが、明らかではない。

足利氏菩提寺の一つとして毎年2月、鎌倉公方の参詣があった。しかし、公方の滅亡、室町幕府の衰退と共に寺勢は衰え、江戸期には建長寺の塔頭的な存在となったとされる。

境内奥には奈良県の円成寺の多宝塔

（室町時代建立）を、大正時代に移築・改築したといわれる観音堂があり、中国から請来された元代の観音菩薩立像と衣冠束帯姿の足利尊氏坐像、開山古先印元坐像が安置されている。観音堂左奥（境内裏山）には、基氏が遺髪を埋葬したという足利尊氏の墓「五輪塔」が建てられている。

普段は非公開だが、紅葉の時期（秋季）、そして春季や紫陽花（アジサイ）の時期の週末等に公開され、本堂や小方丈に上がり、裏庭や近年造園の「枯山水庭園」が見られる。

地獄の裁判官である閻魔大王など十王を祀る
円応寺　　地図P66C2　参照P84

建長寺開山大覚禅師の弟子である、建長寺第九世の知覚禅師が開山したという。由比郷見越岩にあったが、足利尊氏（1305～1358）が由比ヶ浜の大鳥居の東南の海浜近くに移したとされる。鎌倉市材木座5丁目11番地に閻魔堂跡を示す石碑が残る。

もとは「新居閻魔堂」とも、冥府に在って亡者の罪業を裁く十王を祀っているため、「十王堂」とも呼ばれた。十王とは冥府に在って亡者

の罪を裁く10人の王であり、閻魔大王もその1人。

その後も破損・再興を繰り返したが、江戸期の元禄16年（1703）11月の元禄大地震の津波で堂が破損したため、その後（1年後とも）、山ノ内の現在地に移ったという。

急な階段を上がった崖上にある小さな山門を入ると正面が仏殿である。堂内には、建長2年（1250）に造られたとされる本尊の木造閻魔王坐像（国重文）を中心に十王像が並んでいる。

閻魔王は、「笑い閻魔」・「人食い閻魔」とも呼ばれ、写実性豊かな仏像で、さながら冥土で睨みをきかせているかのようだ。

鎌倉時代に普及した十王信仰を知ることができ、その信仰が更に発展して十三仏信仰が起こり、鎌倉末期から広く流行した。

他の国重文は、木造奪衣婆坐像、檀拏幢、鬼卒立像があり、初江王坐像と倶生神坐像の二躯は鎌倉国宝館に保存されており、拝観できる。他の十王像は、後世の作という。

仏殿の地蔵菩薩半跏像は、詫言地蔵として、鎌倉二十四地蔵第八番、鎌倉十三仏霊場第五番となっている。

夏には紫陽花（アジサイ）が咲く。

提供：鎌倉市観光協会

76

高徳院　提供：鎌倉市観光協会

葛原岡神社

鎌倉の花

🌸 桜（開花時期：3月下旬〜4月中旬）

物件名	掲載頁／地図
明王院	45／37C3
浄光明寺	62／60D1
明月院	71／66B1
妙長寺	-／33B1
建長寺	73／66C2
甘縄神明神社	50／48D2
光明寺	32／33B4
極楽寺	59／48A3
高徳院（鎌倉の大仏）	47／48C1
安国論寺	30／26D3
鎌倉宮	39／33B2
若宮大路	-／11B3
鶴岡八幡宮	10／11C1
妙法寺	31／26D2
妙本寺	27／26C1
長谷寺	51／48B2
源氏山公園	-／60C2
宝戒寺	19／11C3
大宝寺	-／26C2
虚空蔵堂（成就院境外仏）	58／48B3
本覚寺	25／11A4
蓮乗院	-／33B4
千手院	-／33B4
葛原岡神社	65／60B1
長勝寺	36／33C2

🌸 紫陽花（アジサイ）
（開花時期：5月下旬〜7月上旬頃）

物件名	掲載頁／地図
英勝寺	61／60D2
浄光明寺	62／60D1
覚園寺	40／33A1
明月院	71／66B1
円覚寺	66／66B1
御霊神社	56／48B2
一条恵観山荘／かふぇ楊梅亭	44／33C3
甘縄神明神社	50／48D2
極楽寺	59／48A3
安国論寺	30／26D3
鎌倉宮	39／33B2
荏柄天神社	41／37A2
長谷寺	51／48B2

一条恵観山荘

鎌倉市鏑木清方記念美術館

鎌倉宮　提供：鎌倉市観光協会

妙本寺　提供：鎌倉市観光協会

🍁 紅葉（開花時期：11月中旬〜12月上旬）

🌸 梅（開花時期：2月下旬から3月上旬）

その他季節の花々は、各物件ガイドで紹介しましたので、ご参照下さい。

宝戒寺　提供：鎌倉市観光協会

荏柄天神社　提供：鎌倉市観光協会

鎌倉霊場巡り

鎌倉霊場巡り

■鎌倉二十四地蔵尊

お地蔵様で親しまれている「地蔵菩薩」は、釈迦の没後弥勒菩薩が如来として姿を現わすまでの間、私たちを救済してくれる仏と言われている。日本では平安時代から盛んに信仰されるようになったが、江戸時代には民衆に最も親しまれる仏となり、その頃流行し始めていた霊場巡りに合わせて、鎌倉の地蔵尊巡礼の二十四ヶ所霊場もこの頃に定められたようだ。現在の二十四ヶ所霊場は、明治初年の神仏分離令などのため、多くの像が損亡したのを惜しみ、明治34年(1901)に鎌倉市内を中心に、新たに定められたもの。

名称	寺院名(宗派)	参照頁
解説　地蔵尊の縁日は毎月24日		

第1番 子育 経読地蔵	宝戒寺(天台宗)	19
本堂にある本尊「木造地蔵菩薩坐像」。朱印は本堂内の受付で。		
第2番 岩上地蔵(報恩寺地蔵)	来迎寺(西御門)(時宗)	20
岩を模した台座の上に坐していることから「岩上地蔵」と呼ばれている。事前に電話で堂内拝観の申し出を。朱印は寺務所で。		
第3番 黒地蔵(火焚地蔵)	覚園寺(真言宗泉涌寺派)	40
地蔵堂の本尊「木造地蔵菩薩立像」は、毎日決まった時間に寺の人が一緒に境内の主なエリアを案内。朱印は拝観案内所で。		
第4番 身代地蔵	杉本寺(天台宗)	42
本堂の地蔵菩薩像。観音堂の脇に並ぶ六地蔵と共に祀られた「杉本太郎身代地蔵」(御前立)。		
第5番 塩嘗地蔵	光触寺(時宗)	46
本堂前の小さな地蔵堂に安置されている「石蔵地蔵菩薩坐像」。本堂脇にあるインターホンで朱印依頼を。		
第6番 尼将軍地蔵	杉本寺(天台宗)	42
本堂に尼将軍地蔵。朱印は本堂拝観受付で。		
第7番 どこもく地蔵尊	瑞泉寺(臨済宗円覚寺派)	38
境内奥の名勝瑞泉寺庭園の手前にある小さな地蔵堂。朱印は境内の右側に位置する庫裏で。		
第8番 詫言地蔵	円応寺(臨済宗建長寺派)	76
本堂左手前に「木造地蔵菩薩半跏像」。朱印は山門をくぐった寺務所で。		
第9番 心平地蔵	建長寺(臨済宗建長寺派)	73
仏殿に本尊「地蔵菩薩坐像」、その脇、千体地蔵に囲まれて安置する。朱印所は拝観口の向かい側。		
第10番 斎田地蔵(身代地蔵)	建長寺(臨済宗建長寺派)	73
木造地蔵菩薩の小像が伝えられ、「宝物風入」のときに拝観できる。模刻像が納められている、仏殿本尊の地蔵菩薩像をお参りする。		
第11番 勝 上嶽地蔵	建長寺(臨済宗建長寺派)	73
半僧坊大権現本堂の先の勝上嶽地蔵堂は、建長寺の最奥に位置していて、建長寺の総門から厳しい階段など徒歩約30分。		
第12番 聖 比丘地蔵	浄智寺(臨済宗円覚寺派)	70
「木造地蔵菩薩坐像」は、鎌倉国宝館に寄託。朱印は拝観口の裏手側、拝観順路とは反対方面にある書院の横の庫裏で。		
第13番 手引地蔵	正続院(非公開)(臨済宗円覚寺派)	66
円覚寺内。拝観は出来ない。朱印は円覚寺拝観口隣の納経所。		
第14番 延命地蔵	佛日庵(臨済宗円覚寺派)	68
本堂本尊の「地蔵菩薩坐像」は堂外から拝観。朱印は拝観料を払う時にお願いしておく。		
第15番 岩船地蔵	海蔵寺(臨済宗建長寺派)	63
岩船地蔵堂本仏石造地蔵尊は堂内奥に祀られ拝観は出来ない。八角堂の扉に設けられた隙間から御前立の木造地蔵尊を拝む。朱印は海蔵寺の庫裏で。		
第16番 綱引地蔵	浄光明寺(真言宗泉涌寺派)	62
決まった日だけに公開される2段目以降の平場。3段目の平場、奥の岩壁に彫られたやぐらの中に石造網引地蔵。朱印は境内の入ってすぐ左側の庫裏で。		
第17番 矢拾 地蔵	浄光明寺(真言宗泉涌寺派)	62
3段目の平場、コンクリートの建物が収蔵庫。本尊阿弥陀如来を含む阿弥陀三尊を安置。その左脇に矢拾地蔵。		

第18番 木造地蔵菩薩立像	寿福寺（臨済宗建長寺派）	61
地蔵菩薩立像は鎌倉国宝館に寄託。朱印は、寺用人通路を進む。「御朱印の方は内玄関へどうぞ」とあり、梵鐘を左に見ながら中庭を通過、内玄関のインターホンを鳴らす。		
第19番 白金地蔵	東漸寺（浄土宗）	—
本堂の右側に祀られている。朱印は庫裏で。所在地は横須賀市武2-12-13（地図外）。		
第20番 導地蔵	極楽寺（真言律宗西大寺派）	58
極楽寺駅から長谷方面に向くと線路の上を通る高架がある。渡って極楽寺山門に向かう途中に赤い屋根の小さな堂。その地蔵堂が空いていたら拝観。月影地蔵同様、極楽寺の庫裏にある朱印所で。		
第21番 月影地蔵	極楽寺（真言律宗西大寺派）	58
導地蔵堂の前を通り、寺（極楽寺）の方に折れずに直進。昔ながらの小さな商店を過ぎると小学校が見える。さらにその奥、住宅街を進むと、左に月影地蔵堂が現れる。		
第22番 延命地蔵	光明寺（浄土宗鎮西派）	32
本堂脇の地蔵堂に石造地蔵尊。朱印は山門をくぐって左手の寺務所で。		
第23番 裸地蔵（身代地蔵）	延命寺（浄土宗）	—
正面に本尊の阿弥陀如来、その脇に鎌倉三十三観音の一つでもある聖観世音。そして左側に祀られるのが身代地蔵。前日前に電話予約で堂内か、でなければ堂外から拝観。朱印は庫裏の正面玄関でインターホンを押す。所在地は材木座1-1-3（26A2）。		
第24番 白限地蔵（子安地蔵）	安養院（浄土宗）	29
山門の左側にある地蔵堂に祀られる。石畳の小径で朱印所へ。		
番外 地蔵菩薩（子安地蔵）	伝宗庵（円覚寺塔頭）（非公開）（臨済宗円覚寺派）	66
円覚寺内。本尊子安地蔵は鎌倉国宝館に寄託。朱印は拝観口にある朱印所で。		
番外 叶地蔵	明王院（真言宗御室派）	45
参道の左手に祀られた石仏の半跏地蔵尊。朱印は本堂左手で。		

■鎌倉三十三観音霊場

観音様の変化に由来する三十三観音霊場巡礼。鎌倉の場合は旧鎌（旧鎌倉町）に集中しているため、大変巡りやすくなっている。最も東にある明王院から最も西にある極楽寺まで約6km、同じく南北（光明寺〜円覚寺）は約5kmとコンパクトにまとまっている。寺社が集中している鎌倉ならではの有難い利便性だ。

三十三観音霊場巡りは12世紀の「西国三十三観音」にはじまる。「鎌倉」に関わるものとしては本記の「鎌倉三十三観音霊場」の他源頼朝が発案し13世紀に成立したと伝わる「坂東三十三観音」、源義経の家臣・鈴木重家が三十三箇所の霊場にて祈願し大飢饉を救ったのを起源とする「三浦三十三観音」などがある。

名称	寺院名（宗派）	参照頁
解説		
第1番 十一面観音	杉本寺（天台宗）	42
本堂内陣の奥の3体の十一面観音は秘仏。本堂内中央に本尊御前立の十一面観音、左側の新十一面観音は、先住職の慈海僧正作。本堂入って右手に御朱印の受付。		
第2番 仏母准胝観音	宝戒寺（天台宗）	19
本尊は「子育て地蔵」、本堂左奥前列真ん中が准胝観音。お参りをしたら本堂内の御朱印受付へ。		
第3番 千手観音	安養院（浄土宗）	29
堂外拝観。本堂に本尊阿弥陀如来坐像とその後ろに千手観音立像（田代観音）等が安置。お参りしたら山門入って右手の御朱印受付へ。		
第4番 十一面観音	長谷寺（浄土宗）	51
本堂の本尊十一面観世音菩薩立像。朱印は入山してすぐ左側にある御朱印受付、その後お参り。		

第5番 如意輪観音	来迎寺(西御門)(時宗)	20
電話予約要。本堂内には、本尊(江戸時代の阿弥陀如来坐像)を中央に、向かって右に如意輪観音像、左に地蔵菩薩像と抜陀婆羅尊者像が安置されている。朱印は寺務所で。		
第6番 千手観音	瑞泉寺(臨済宗円覚寺派)	38
堂外拝観。障子戸の隙間から拝観。本堂(仏殿)は大雄宝殿と呼ばれ、本尊の「釈迦牟尼仏」、左手が徳川光圀が寄進したという「木造千手観音菩薩坐像」、開山の「夢窓国師坐像」が安置されている。		
第7番 聖観音	光触寺(時宗)	46
10名以上で一週間前に電話予約要。堂外拝観。本堂(火印堂)に、本尊阿弥陀如来三尊、中尊は「頬焼阿弥陀」と知られる、また、平安時代の伝・定朝作といわれる聖観世音菩薩立像。		
第8番 十一面観音	明王院(真言宗御室派)	45
堂外拝観。本堂に五大尊明王、本堂右手の堂に十一面観世音菩薩像を安置。朱印は本堂左手で。		
第9番 聖観音	浄妙寺(臨済宗建長寺派)	43
本堂の聖観世音菩薩は、堂外でのお参り。朱印は、山門を入ってすぐの拝観受付で。		
第10番 聖観音	報国寺(臨済宗建長寺派)	44
堂外拝観。本堂に本尊釈迦如来、本堂別間に聖観音菩薩像が祀られ、年3回(1月18日、5月18日、9月18日)の御開帳には、一般参拝客も拝観することができる。朱印は本堂左手窓口で。		
第11番 聖観音	延命寺(浄土宗)	―
本堂に本尊阿弥陀如来像。その手前右側の小さな厨子の中に聖観世音。堂外でのお参り。朱印は庫裏で。所在地は材木座1-1-3(26A2)。		
第12番 聖観音	教恩寺(時宗)	―
本堂に本尊阿弥陀三尊、その右側に祀られているのが聖観世音。堂外でのお参り。本堂の脇に朱印所が。大町1-4-29(26B1)。		
第13番 魚藍観音	別願寺(時宗)	―
本堂に祀られている魚藍観音。堂外でのお参り。朱印は庫裏で。所在地は大町1-11-4(26B2)。		
第14番 聖観音	来迎寺(材木座)(時宗)	35
本堂に祀られている聖観世音。堂外でのお参り。朱印は、現代的な一戸建てとなっている庫裏でチャイムを鳴らす。		
第15番 聖観音	向福寺(時宗)	―
本堂の本尊阿弥陀三尊のうち左脇侍が聖観世音。堂外でのお参り。所在地は材木座3-15-13(33B2)。		
第16番 聖観音	九品寺(浄土宗)	34
本堂の本尊阿弥陀三尊のうち左脇侍が聖観世音。堂外でのお参り。要事前連絡　0467-22-3404。		
第17番 十一面観音	補陀洛寺(真言宗大覚寺派)	34
本堂に十一面観音。堂外でのお参り。朱印は本堂右奥の庫裏で。		
第18番 如意輪観音	光明寺(浄土宗鎮西派)	32
本堂(大殿)内に如意輪観世音を安置。朱印は山門をくぐって左側にある寺務所で。大殿は令和2年(2020)3月から保存修理工事が始まり、本尊の阿弥陀如来及び諸尊像は開山堂に移されている。工期は令和12年(2030)まで。		
第19番 十一面観音	蓮乗院(浄土宗)	―
本堂に本尊阿弥陀三尊と、手前の小さな厨子の中に十一面観世音を祀る。朱印は本堂右側の庫裏で。所在地は材木座6-16-15(33B4)。		
第20番 千手観音	千手院(浄土宗)	―
本堂に千手観世音。堂外でのお参り。朱印は、本堂右横に隣接されている庫裏へ。所在地は材木座6-12-8(33B4)。		
第21番 聖観音	成就院(真言宗大覚寺派)	57
本堂に聖観世音。堂外でのお参り。朱印は本堂左側にある朱印所で。毎月13日が縁日。		
第22番 如意輪観音	極楽寺(真言律宗西大寺派)	58
観音堂に如意輪観音が祀られる。堂外でのお参り。朱印は本堂左手にある朱印所で。		

第23番 聖観音	高徳院(浄土宗)	47
大仏の背後にある観月堂の本尊。朱印は大仏の左手にある朱印所で。		
第24番 十一面観音	寿福寺(臨済宗建長寺派)	61
非公開の本堂に十一面観世音。要事前連絡　0467-22-6607、堂外でのお参り。中門を正面に見て、左手に折れると車止めがありその先を進んでいくと内玄関と朱印所がある。		
第25番 千手観音	浄光明寺(真言宗泉涌寺派)	62
観音堂に千手観世音。堂外でのお参り。朱印は境内一段目の庫裏で。		
第26番 十一面観音	海蔵寺(臨済宗建長寺派)	63
本堂本尊十一面観世音は、堂外でのお参り。朱印は庫裏で。		
第27番 聖観音	妙高院(非公開)(臨済宗建長寺派)	73
建長寺山内。本堂に本尊宝冠釈迦如来と聖観世音。一般拝観不可。朱印は本堂のすぐ左手にある玄関口のチャイムを鳴らす。		
第28番 千手観音	建長寺(臨済宗建長寺派)	73
仏殿の本尊の脇に祀られる。先に朱印所で朱印帳を預けて。		
第29番 聖観音	龍峰院(臨済宗建長寺派)	73
建長寺内。本堂に本尊聖観世音を祀る。一般拝観不可。朱印は境内を入り庫裏で。		
第30番 聖観音	明月院(臨済宗建長寺派)	71
本堂本尊が聖観音菩薩坐像。先に、拝観口を入り左に折れたところに朱印所へ。		
第31番 聖観音	浄智寺(臨済宗円覚寺派)	70
本堂(曇華殿)の建物のうしろ側の角に安置。お参りを終えたら書院の横にある庫裏で御朱印を。		
第32番 聖観音	東慶寺(臨済宗建長寺派)	69
安置されている松岡宝蔵でお参り。		
第33番 十一面観音	佛日庵(臨済宗円覚寺派)	68
拝観受付で「観音様の御朱印を」と告げ、御朱印帳を預けてから時宗廟(開基廟)でお参り。		

■鎌倉十三仏霊場

十三仏を参拝すれば、亡き人の追善になり、また追善を行ったという善行の功徳により自分が死んだ後に、十三王の審判から救済され後生は善処に生じると信じられ、現在は日本各地に十三仏霊場があり多くの人が巡拝している。鎌倉十三仏霊場は、昭和58年(1983)に定められた。

名称	寺院名(宗派)	参照頁
解説		
第一番 不動明王	明王院(真言宗御室派)	45
初七日。秦広王本堂(拝観不可)に不動明王をはじめとする五大明王が祀られている。朱印は本堂左手で。		
第二番 釈迦如来	浄妙寺(臨済宗建長寺派)	43
二七日。初江王本堂に本尊「木造釈迦如来坐像」。朱印は、山門を入ってすぐの拝観受付で。		
第三番 文殊菩薩	本覚寺(日蓮宗)	25
三七日。宋帝王。本尊「釈迦如来及両脇侍像」、脇侍の一つが文殊菩薩坐像。朱印は、仁王門を入りすぐ左に受付で。		
第四番 普賢菩薩	寿福寺(臨済宗建長寺派)	61
四七日。五官王。仏殿に普賢菩薩が祀られる。中門から内側は非公開なので通常は拝観できない。朱印は、寺用人通路を進む。「御朱印の方は内玄関へどうぞ」とあり、梵鐘を左に見ながら中庭を通過、内玄関のインターホンを鳴らす。		
第五番 地蔵菩薩	円応寺(臨済宗建長寺派)	76
五七日。閻魔王。本堂出口脇に「延命地蔵菩薩像」。十三佛信仰の元となる十王を祀る寺。本尊閻魔大王座像は運慶作と伝わり、国重文。朱印は山門をくぐった拝観受付で。		

第六番 弥勒菩薩	浄智寺（臨済宗円覚寺派）	70
六日目。変成王。曇華殿（仏殿）に安置されている三世仏、その一つが弥勒如来。朱印は拝観口の裏手側、拝観順路とは反対方面にある書院の横の庫裏で。		
第七番 薬師如来	海蔵寺（臨済宗建長寺派）	63
七七日。泰山王（泰山府君）。本尊薬師如来は、薬師堂（仏殿）安置されている。朱印は海蔵寺の庫裏で。		
第八番 聖観世音菩薩	報国寺（臨済宗建長寺派）	44
百か日。平等王。本堂に本尊釈迦如来と共に聖観世音菩薩が祀られている。朱印は本堂左手窓口で。		
第九番 勢至菩薩	浄光明寺（真言宗泉涌寺派）	62
一周忌。都市王。本尊「木造阿弥陀如来及両脇侍坐像」は、阿弥陀堂横の収蔵庫に安置。左の脇侍が勢至菩薩。朱印は境内の入ってすぐ左側の庫裏で。		
第十番 阿弥陀如来	来迎寺（西御門）（時宗）	20
三回忌。五道転輪王。本堂に本尊阿弥陀如来像。内覧可能。朱印は寺務所で。		
第十一番 阿閦如来	覚園寺（真言宗泉涌寺派）	40
七回忌。蓮上王。愛染堂中央に本尊愛染明王像、向かって右手に不動明王像（試みの不動）、左手奥に阿閦如来像。開門から1時間刻みで寺僧による境内拝観。朱印は拝観案内所で。		
第十二番 大日如来	極楽寺（真言律宗西大寺派）	58
十三回忌。抜苦王。本堂に大日如来。朱印は本堂左手にある朱印所で。		
第十三番 虚空蔵菩薩	星井寺　虚空蔵堂（真言宗大覚寺派）	58
三十三回忌。慈恩王。1月、5月、9月の13日に開帳され、1月13日には護摩焚き供養が行われる。朱印は、近くにある成就院で。		

■鎌倉七福神

七福神を巡拝すると七つの災難が除かれ、七つの御利益もたらされるとされている。この信仰は、室町時代の末期のころより生じ、当時の庶民性に合致して民間信仰の最も完全な形となって育てられてきた。特に農民、漁民の信仰として成長し、現代に今も生き続けてきた。
一般的には正月中に巡るのが通例だが、近年では年間を通して参拝する観光客が増えている。

名称	寺院名（宗派）	参照頁
解説		
第一番 布袋尊	浄智寺（臨済宗円覚寺派）	70
曇華殿（仏殿）に安置されている布袋尊は、弥勒菩薩の化身といわれる不老長寿の神。朱印は拝観口の裏手側、拝観順路とは反対方面にある書院の横の庫裏で。		
第二番 弁財天	鶴岡八幡宮（旗上弁財天社）	10
鶴岡八幡宮内。旗上弁財天社は鶴岡八幡宮の境内社。芸能・開運の神。朱印は、旗上弁財天社脇の授与所で。		
第三番 毘沙門天	宝戒寺（天台宗）	19
仏教を守護する四天王の一人。病魔対敵の神。朱印は本堂内の受付で。		
第四番 寿老人	妙隆寺（日蓮宗）	23
中国道教に起源を持つ長寿の神。朱印は、本堂左側受付で。		
第五番 夷神	本覚寺（日蓮宗）	25
商売繁盛の神。朱印は、仁王門を入りすぐ左に受付で。		
第六番 大黒天	長谷寺（浄土宗）	51
財福の神。大黒堂に祀られ、「出世・開運授け大黒天」。朱印は拝観券売場を入り左手で。		
第七番 福禄寿	御霊神社	56
幸福・財宝の神。宝蔵庫に納められている。朱印は、神社を入って右側の社務所で。		

名称	電話番号・所在地・最寄り	参拝(観賞)時間・所要分・休み等	料金等	本文頁 地図索引
甘縄神明神社 （甘縄神明宮） <small>あまなわしんめい</small>	0467-22-3347（八雲神社） 鎌倉市長谷1-12-1 江ノ電「長谷」駅から徒歩6分。「鎌倉」駅東口から江ノ電バス「大仏前方面」行き（乗車7分）で「長谷観音」下車徒歩3分	所要20分	志納	50 48D2
安国論寺 <small>あんこくろんじ</small>	0467-22-4825　鎌倉市大町4-4-18 JR「鎌倉」駅東口から京急バス「逗子・葉山駅」行き（乗車4分）、または「緑が丘入口」行きで「名越」下車徒歩3分、もしくはJR「鎌倉」駅東口から徒歩15分	9時～16時半 月曜閉門（祝日を除く）	100円	30 26D3
安養院 <small>あんよういん</small>	0467-22-0806　鎌倉市大町3-1-22 JR「鎌倉」駅東口から京急バス「名越方面」行き（乗車4分）で「名越」下車徒歩1分、もしくはJR「鎌倉」駅東口から徒歩13分	8時～16時 　　四万六千日詣り（8/10）・12/29～31は拝観休止 所要20分	200円	29 26C2
一条恵観山荘 <small>いちじょう え かんざんそう</small>	0467-53-7900　鎌倉市浄明寺5-1-10 JR「鎌倉」駅東口から京急バス「太刀洗・金沢八景・ハイランド」行き（乗車10分）で「浄明寺」下車徒歩2分	10時～16時（入館は～15時半） 月・火曜、夏季・年末年始・催事・貸館時は休館（要問合せ） 所要30分	入園料は500円 （未就学児不可）	44 37C3
英勝寺 <small>えいしょうじ</small>	0467-22-3534　鎌倉市扇ガ谷1-16-3 JR「鎌倉」駅西口から徒歩15分	9時～16時　木曜休 所要30分	大人300・高200・中以下100円	61 60D2
荏柄天神社 <small>えがらてんじんしゃ</small>	0467-25-1772　鎌倉市二階堂74 JR「鎌倉」駅東口から京急バス「大塔宮」行き（乗車7分）で「天神前」バス停下車3分	8時半～16時半 所要20分	志納	41 37A2
円覚寺 <small>えんがくじ</small>	0467-22-0478　鎌倉市山ノ内409 JR「北鎌倉」駅から徒歩1分	8時～16時半（12～2月は～16時）　所要60分	高校生以上500・中小200円	66 66B1
円応寺 <small>えんのうじ</small>	0467-25-1095　鎌倉市山ノ内1543 JR「鎌倉」駅から江ノ電バスで「大船方面」行き（乗車10分）で「建長寺」下車徒歩3分 JR「北鎌倉」駅東口から江ノ電バス「大船駅東口交通広場行き」（乗車6分）で「建長寺」下車徒歩3分 JR「北鎌倉」駅東口から徒歩15分	9時～16時 （12～2月は～15時半） 所要20分	200円	76 66C2
海蔵寺 <small>かいぞうじ</small>	0467-22-3175　鎌倉市扇ガ谷4-18-8 JR「鎌倉」駅西口から徒歩20分	9時半～16時 所要30分	100円	63 60C1
覚園寺 <small>かくおんじ</small>	0467-22-1195　鎌倉市二階堂421 JR「鎌倉」駅東口から京急バス「鎌倉宮（大塔宮）」行き（乗車8分）で「大塔宮」下車徒歩10分	拝観時間は決まっており、案内人と共に参拝、10時・11時・12時・13時・14時・15時（12時は土日祝日のみ）※令和5年3月まで自由拝観 荒天・4/27・8/10・12/20～1/7休　所要50分	高以上500・中小200円	40 37A1
鎌倉虚子立子記念館 <small>かまくらきょし たつこ きねんかん</small>	0467-61-2688　鎌倉市二階堂231-1 JR「鎌倉」駅東口から京急バス「鎌倉宮（大塔宮）」行き（乗車8分）で「大塔宮」下車徒歩10分	10時～15時　所要25分 新型コロナウイルス対応のため、木曜のみ開館（祝日は休館）＊要事前連絡	施設維持費500円	39 37B1
鎌倉宮（大塔宮） <small>かまくらぐう おおとうのみや</small>	0467-22-0318　鎌倉市二階堂154 JR「鎌倉」駅東口から京急バス「鎌倉宮（大塔宮）」行き（乗車8分）で「大塔宮」下車徒歩1分	9時半～16時（社務所） 宝物殿は9時半～16時半（12～1月は～16時）　受付は30分前まで　所要25分	境内自由 宝物殿：中以上300・小150円	39 37B2
鎌倉国宝館 <small>かまくらこくほうかん</small>	0467-22-0753　鎌倉市雪ノ下2-1-1 JR「鎌倉」駅東口から徒歩12分 JR「鎌倉」駅東口から江ノ電バス「鎌倉八幡宮前」（乗車4分）、もしくは京急バス「大学前」（乗車4分）から徒歩約3分	9時～16時半（入館は～16時） 月曜（祝日の場合は翌日）、年末年始、展示替え期間など休 所要30分	一般：400円～700円、中小150円～300円 ＊展覧会ごとに観覧料が異なります	17 11C2
鎌倉市鏑木清方記念美術館 <small>かまくらし かぶらぎ きよかた きねんびじゅつかん</small>	0467-23-6405　鎌倉市雪ノ下1-5-25 JR「鎌倉」駅東口から徒歩8分	9時～17時（入館は～16時半） 月曜（祝日の場合は翌日）、年末年始、展示替え等休 所要25分	企画展：一般 300・小中 150円（特別展：一般 450・小中 220円）	21 11A2
鎌倉市川喜多映画記念館 <small>かまくらし かわきた えいが きねんかん</small>	0467-23-2500　鎌倉市雪ノ下2-2-12 JR「鎌倉」駅東口から徒歩8分	9時～17時（入館は～16時半） 月曜（祝日の場合は翌日）、年末年始・展示替期間・特別整理期間など休　所要25分	通常展：一般200・小中100円（特別展：一般400・小中200円）	22 11A2

※記載内容は2022年12月時点の情報です。時間は季節・天候によって若干変わる場合があります。
　特に新型コロナウイルス感染症（COVID-19）の影響により、拝観・見学の休止や時間制限、料金変更などが予想されます。
　訪問の際には、年末年始を含め各施設へお確かめください。

名称	電話番号・所在地・最寄り	参拝(観賞)時間・所要分・休み等	料金等	本文頁地図索引
鎌倉文華館鶴岡ミュージアム	0467-55-9030　鎌倉市雪ノ下2-1-53 JR「鎌倉」駅東口から徒歩10分	10時〜16時半(入館は〜16時)　所要30分 月曜(祝日は開館)、展示替期間、年末年始休	展示によって変わる 15名以上の団体は要申請	17 11B2
鎌倉文学館	0467-23-3911　鎌倉市長谷1-5-3 江ノ電「鎌倉」駅から江ノ島電鉄で「由比ヶ浜」駅(乗車2分)下車徒歩7分 JR「鎌倉」駅東口から京急バス(大仏前方面)行き(乗車6分)で「海岸通り」下車徒歩3分	9時〜17時(10〜2月は16時半、入館は30分前まで) 月曜(祝日の場合は開館)、年末年始、展示整理期間休※5・6月、10・11月は臨時開館あり　所要30分	高校生以上300(収蔵品展)・500円(特別展)・中小100(同)・200円(同)※料金は展示内容によって異なります。2023年4月〜2027年3月まで改修工事のため休館予定	50 48D1
鎌倉彫会館・鎌倉彫資料館	0467-25-1502(資料館)　鎌倉市小町2-15-13(鎌倉彫会館3階) JR「鎌倉」駅東口から徒歩5分	10時〜16時(13時〜14時は一時閉館)　月・火曜日、夏季休暇、年末年始、その他臨時休　所要20分	一般300・小中150円(特別展別途)	24 11B3
鎌倉歴史文化交流館	0467-73-8501　鎌倉市扇ガ谷1-5-1 JR「鎌倉」駅西口から徒歩7分	10時〜16時(入館は〜15時半)　日曜・祝日、年末年始、展示替え期間など休 所要20分	一般400・中小150円	62 60C2
葛原岡神社	0467-45-9002　鎌倉市梶原5-9-1 JR「鎌倉」駅西口から銭洗弁財天ルートで徒歩35分　JR「北鎌倉」駅から葛原岡ハイキングコースで徒歩30分	9時〜16時(社務所) 所要20分	志納	65 60B1
九品寺	0467-22-3404　鎌倉市材木座5-13-14 JR「鎌倉」駅東口から京急バス「九品寺循環」、「逗子・葉山駅」行き(乗車7分)で「九品寺」下車徒歩1分	9時〜16時 所要15分	志納	34 33A3
建長寺	0467-22-0981　鎌倉市山ノ内8 JR「北鎌倉」駅から江ノ電バスで「建長寺」行き(乗車5分)で「建長寺」下車、またはJR「北鎌倉」駅から徒歩15分 JR「鎌倉」駅から江ノ電バスで「大船方面」行き(乗車10分)で「建長寺」下車。	8時半〜16時半 所要40分	高校生以上500・中小200円	73 66C2
光触寺	0467-22-6864　鎌倉市十二所793 JR「鎌倉」駅から「金沢八景駅」行き、「鎌倉霊園」行き(乗車12分)で「十二所」下車徒歩1分。	10時〜16時(本尊拝観は法要・雨天時は中止) 所要20分	本尊拝観:中以上300・小以下無料(要予約で10名以上のみ受付(一般公開日あり(6月・10月の第1土曜日、13時〜))	46 37D3
光則寺	0467-22-2077　鎌倉市長谷3-9-7 江ノ電「長谷」駅から徒歩8分 JR「鎌倉」駅東口から「長谷観音・大仏方面」行き(乗車7分)で「長谷観音」下車徒歩4分	8時〜17時 所要20分	高以上100円・中小無料	56 48B2
高徳院(鎌倉の大仏)	0467-22-0703　鎌倉市長谷4-2-28 江ノ電「長谷」駅から徒歩7分 JR「鎌倉」駅東口から江ノ電バス「大仏前方面」行き(乗車10分)、もしくは京急バス「大仏前方面」行き(乗車8分)で「大仏前」下車すぐ	8時〜17時半(10〜3月は〜17時、入場は15分前まで)、大仏胎内拝観は16時半(入場は10分前まで) 所要30分	中以上300・小150円(大仏胎内20円)	47 48C1
光明寺	0467-22-0603　鎌倉市材木座6-17-19 JR「鎌倉」駅東口から京急バス「小坪方面」行き(乗車9分)で「光明寺」下車徒歩1分	6時〜17時(10/15〜3/31は7時〜16時) 所要20分	志納(山門拝観は10時〜16時、特別期間(20名様以上から。要問合せ)	32 33B4
虚空蔵堂(成就院境外仏)	0467-22-3401(成就院)　鎌倉市坂ノ下18-28　江ノ電「長谷」駅または「極楽寺」駅から徒歩5分	所要15分		58 48B3
極楽寺	0467-22-3402　鎌倉市極楽寺3-6-7 江ノ電「極楽寺」駅から徒歩2分	9時〜16時半(宝物館は4/25〜5/25・10/25〜11/25の火木土日曜のみ開館、10時〜16時)　所要15分	志納(宝物館300円)	58 48A3
五所神社	0467-25-0949　鎌倉市材木座2-9-1 JR「鎌倉」駅東口から「九品寺方面」行き(乗車7分)で「九品寺」下車徒歩5分	所要15分	志納	35 33C2

名称	電話番号・所在地・最寄り	参拝(観賞)時間・所要分・休み等	料金等	本文頁 地図索引
御霊神社 (ごりょう)	0467-22-3251　鎌倉市坂ノ下4-9 江ノ電「長谷」駅から徒歩5分	収蔵庫:9時～17時 所要20分	収蔵庫:一般100・高 以下50円	56 48B2
佐助稲荷神社 (さすけいなり)	0467-22-4711　鎌倉市佐助2-22-12 JR「鎌倉」駅西口から徒歩約20分	所要20分	志納	64 60A2
寿福寺 (じゅふくじ)	0467-22-6607　鎌倉市扇ガ谷1-17-7 JR「鎌倉」駅西口から徒歩10分	中門内は非公開(正月・GWに 境内特別解放)　所要15分	志納	61 60D2
常栄寺 (じょうえいじ)	0467-22-4570　鎌倉市大町1-12-11 JR「鎌倉」駅東口から徒歩10分	6時～16時半 所要15分	志納	27 26B1
上行寺 (じょうぎょうじ)	0467-22-5381　鎌倉市大町2-8-17 JR「鎌倉」駅東口から徒歩12分	9時～16時 所要15分	志納	29 26B2
浄光明寺 (じょうこうみょうじ)	0467-22-1359　鎌倉市扇ガ谷2-12-1 JR「鎌倉」駅西口から徒歩16分	9時～16時半(境内)　収蔵 庫・山上は木土日曜・祝日の10 時～12時・13時～16時(雨天・ 8月休)　所要30分	収蔵庫・山上:高以 上200・小中100円	62 60D1
成就院 (じょうじゅいん)	0467-22-3401　鎌倉市極楽寺1-1-5 江ノ電「極楽寺」駅から徒歩3分	8時～17時(11/1～3/1は～ 16時半)　所要25分	志納	57 48B3
浄智寺 (じょうちじ)	0467-22-3943　鎌倉市山ノ内1402 JR「北鎌倉」駅から徒歩8分 JR「鎌倉」駅東口から江ノ電バス「北鎌倉・ 大船方面」行き(乗車7分)で「明月院」下車徒 歩4分	9時～16時半 所要30分	高校生以上200・中 小100円	70 66A2
浄妙寺 (じょうみょうじ)	0467-22-2818　鎌倉市浄明寺3-8-31 JR「鎌倉」駅から京急バス「八幡宮方面」行き (乗車8分)で「浄明寺」下車徒歩2分	9時～16時半 所要20分	中以上100・小50円	43 37C2
瑞泉寺 (ずいせんじ)	0467-22-1191　鎌倉市二階堂710 JR「鎌倉」駅東口から京急バス「鎌倉宮(大 塔宮)」行き(乗車15分)で「大塔宮」下車徒 歩10分	9時～17時(入山は30分前ま で)　年中無休 所要30分	高以上200・中小 100円	38 37C2
杉本寺 (すぎもとでら)	0467-22-3463　鎌倉市二階堂903 JR「鎌倉」駅東口から京急バス「八幡宮・浄 明寺」方面行き(乗車7分)で「杉本観音」下 車徒歩1分	9時～16時※入山は15分前ま で 所要30分	高以上300・中200・ 小100円	42 37B2
銭洗弁財天 宇賀福神社 (ぜにあらいべんざいてん うがふくじんじゃ)	0467-25-1081　鎌倉市佐助2-25-16 JR「鎌倉」駅西口から徒歩25分	8時～16時半 所要20分	志納	64 60B1
大巧寺 (だいぎょうじ)	0467-22-0639　鎌倉市小町1-9-28 JR「鎌倉」駅東口から徒歩3分	9時～17時 所要15分	志納	24 11A4
長寿寺 (ちょうじゅじ)	0467-22-2147　鎌倉市山ノ内1520 JR「北鎌倉」駅から徒歩10分 JR「鎌倉」駅東口から江ノ電バスで「大船方 面」行き(乗車10分)で「建長寺」下車徒歩3分	10時～15時 4～6月・10～12月第一週の金 土日祝のみ拝観可※雨天休止 所要30分	300円	75 66B2
長勝寺 (ちょうしょうじ)	0467-25-4300　鎌倉市材木座2-12-17 JR「鎌倉」駅から京急バス「逗子・葉山 駅」行き(乗車6分)、もしくは「緑ヶ丘入口」 行きで「長勝寺」下車徒歩1分	9時～16時 所要25分	志納	36 33C2
鶴岡八幡宮 (つるがおかはちまんぐう)	0467-22-0315　鎌倉市雪ノ下2-1-31 JR「鎌倉」駅東口から徒歩10分	6時～21時、宝物殿は9時～ 16時)　所要50分	境内自由(宝物殿は 中学生以上200・ 小100円)	10 11C1
東慶寺 (とうけいじ)	0467-22-1663　鎌倉市山ノ内1367 JR「北鎌倉」駅から徒歩4分	9時～16時 所要35分	志納	69 66A1
長谷寺 (はせでら)	0467-22-6300　鎌倉市長谷3-11-2 江ノ電「長谷」から徒歩5分 JR「鎌倉」駅東口から京急バス「大仏前方面」 行き(乗車7分)で「長谷観音」下車、徒歩5分	8時～16時半(4～6月は～17 時)閉山は30分後 所要35分	中学生以上400・ 小200円	51 48B2
腹切りやぐら	0467-61-3857(文化財課) 鎌倉市小町3(東勝寺跡) JR「鎌倉」駅東口から徒歩15分	所要15分	現在、東勝寺跡近く の腹切りやぐらへの 道は、石碑の倒壊の 危険があるため通行 禁止	19 11D3

※記載内容は2022年12月時点の情報です。時間は季節・天候によって若干変わる場合があります。
　特に新型コロナウイルス感染症(COVID-19)の影響により、拝観・見学の休止や時間制限、料金変更などが予想されます。
　訪問の際には、年末年始を含め各施設へお確かめください。

名称	電話番号・所在地・最寄り	参拝(観賞)時間・所要分・休み等	料金等	本文頁 地図索引
補陀洛寺 (ふだらくじ)	0467-22-8559　鎌倉市材木座6-7-31 JR「鎌倉」駅東口から京急バス「逗子・葉山」行き(乗車8分)、もしくは「小坪」行きで「材木座」下車徒歩2分	9時～日没 所要15分	志納	34 33B3
円覚寺塔頭 佛日庵 (えんがくじ たっちゅう ぶつにちあん)	0467-25-3562　鎌倉市山ノ内434(円覚寺山内) JR「北鎌倉」駅から徒歩10分	9時～16時半 (12～2月は～16時) 所要20分	100円(円覚寺入山料は別途)	68 66B1
宝戒寺 (ほうかいじ)	0467-22-5512　鎌倉市小町3-5-22 JR「鎌倉」駅東口から徒歩13分 JR「鎌倉」駅東口から 京急バス「金沢八景駅」行き(乗車4分)、鎌倉霊園正門前(太刀洗)」行き、「ハイランド」行きで、「大学前」下車徒歩2分	9時半～16時半(10月～3月は～16時) 所要30分	大人300・中200・小100円	19 11C3
報国寺 (ほうこくじ)	0467-22-0762　鎌倉市浄明寺2-7-4 JR「鎌倉」駅東口から「鎌倉霊園正門前太刀」行き(乗車12分)、「金沢八景駅」行き、「ハイランド循環」で「浄明寺」下車徒歩3分	9時～16時 (抹茶受付は～15時半) 12/29～1/3休 所要25分	300円(抹茶600円)	44 37B3
法華堂跡 (源 頼朝墓) (ほっけどうあと みなもとのよりとも)	0467-61-3857(文化財課) 鎌倉市西御門2-5 JR「鎌倉」駅東口から京急バス「八幡宮方面」行き(乗車5分)で「岐れ道」下車徒歩3分 JR「鎌倉」駅東口から徒歩19分	所要20分		20 11D1
本覚寺 (ほんがくじ)	0467-22-0490　鎌倉市小町1-12-12 JR「鎌倉」駅東口から徒歩5分	9時～16時(寺事務) 所要15分	志納	25 11A4
明王院 (みょうおういん)	0467-25-0416　鎌倉市十二所32 JR「鎌倉」駅東口から「浄明寺方面」行き(乗車10分)で「泉水橋」下車徒歩3分	9時～16時 所要15分	志納	45 37C3
妙法寺 (みょうほうじ)	0467-22-5813　鎌倉市大町4-7-4 JR「鎌倉」駅東口から京急バス「逗子・葉山駅」行き(乗車4分)、または「緑が丘入口」行きで「名越」下車徒歩3分	9時半～16時半　(12月第2週～3月中旬、7月第2週～9月中旬の拝観は、 土・日・祝のみの拝観)　所要25分	中学生以上300・小200円	31 26D2
妙本寺 (みょうほんじ)	0467-22-0777　鎌倉市大町1-15-1 JR「鎌倉駅」東口から徒歩8分	10時～16時(寺務所) 所要20分	志納	27 26C1
妙隆寺 (みょうりゅうじ)	0467-23-3195　鎌倉市小町2-17-20 JR「鎌倉」駅東口から徒歩11分	10時～16時(1月は9時～) 所要15分	志納	23 11B3
明月院 (めいげついん)	0467-24-3437　鎌倉市山ノ内189 JR「北鎌倉」駅から徒歩10分 JR「鎌倉」駅東口から江ノ電バス「北鎌倉・大船方面」行き(乗車7分)で「明月院」下車徒歩5分	9時～16時 (6月は8時半～17時)	高以上500・小中300円 (本堂後庭園は別途500円)	71 66B1
八雲神社(大町) (やくもじんじゃ)	0467-22-3347　鎌倉市大町1-11-22 JR「鎌倉」駅東口から徒歩10分	境内自由 所要20分	境内自由	28 26B2
葉祥明美術館 (ようしょうめい)	0467-24-4860　鎌倉市山ノ内318-4 JR「北鎌倉」駅から徒歩7分	10時～17時(企画展終了日は～16時半、12/30～1/2は～16時)入館は30分前 年中無休　所要30分	一般600・中小300円	72 66B1
吉屋信子記念館 (よしやのぶこ)	0467-25-2030(鎌倉市生涯学習センター) 鎌倉市長谷1-3-6 JR「鎌倉」駅東口から京急バス・江ノ電バス「長谷観音方面」行き(乗車5分・4分)で「長谷東町」下車徒歩3分	10時～16時 一般公開日は5・6・10・11月の土・日曜と6・10・11月の1～3日、GW期間中(2022年) 所要20分	要予約、無料	51 8B3
来迎寺(材木座) (らいこうじ)	0467-22-4547　鎌倉市材木座2-9-19 JR「鎌倉」駅東口から京急バス「九品寺方面」行き(乗車7分)で「九品寺」下車徒歩5分、京急バス「九品寺循環」(乗車8分)で「五所神社」車下徒歩1分	9時半～16時半 所要20分	志納	35 33C2
来迎寺(西御門) (らいこうじ)	0467-24-3476　鎌倉氏西御門1-11-1 JR「鎌倉」駅東口から京急バス「八幡宮方面」行き(乗車4分)で「大学前」下車徒歩10分	9時～16時 所要20分	300円 ＊新型コロナウイルスにより拝観は完全予約制	20 11D1

■主な参考文献

鎌倉市史編纂委員会(1967)	『鎌倉市史　社寺編』再版	吉川弘文館
白井永二(1988)	『鎌倉事典』六版	東京堂出版
人文社観光と旅編集部(1989)	『郷土資料事典　神奈川県』改訂新版	人文社
カジポン・マルコ・残月(2005)	『東京・鎌倉 有名人お墓お散歩ブック』	大和書房
神奈川県高等学校教科研究会 社会部歴史分科会(2011)	『神奈川県の歴史散歩　下』1版2刷	山川出版社
吉川弘文館編集部(2011)	『鎌倉古社寺辞典』	吉川弘文館
ジェイアクト(2011)	『鎌倉御朱印を求めて歩く札所めぐりガイドブック』	メイツ出版
山越実(2014)	『鎌倉古寺歴訪　地蔵菩薩を巡る』	かまくら 春秋社
立元幸治(2017)	『鎌倉古寺霊園物語』	明石書店

■写真協力(敬称略)

鎌倉市観光協会、甘縄神明神社、安国論寺、一条恵観山荘、荏柄天神社、円覚寺、佛日庵、
鎌倉国宝館、鎌倉市鏑木清方記念美術館、鎌倉市川喜多映画記念館、鎌倉市教育委員会、
鎌倉彫会館・鎌倉彫資料館、鎌倉歴史文化交流館、葛原岡神社、九品寺、建長寺、光触寺、
高徳寺(鎌倉大仏)、鶴岡八幡宮、長谷寺、八雲神社、葉祥明美術館、吉屋信子記念館、鳥越一朗等々

■観光問合わせ先

鎌倉市観光課　　　0467-61-3884
鎌倉市観光協会　　0467-23-3050
鎌倉市観光案内所　0467-22-3350

散策&観賞 古都鎌倉編
日本初の武家政権の地・文化人も愛した海と山・華やぐ花々の社寺

第1版第1刷　　　定価　770円(本体700円＋税10%)

発行日　　　　　2023年2月1日
編集スタッフ　　ユニプラン編集部
デザイン　　　　岩崎宏
発行人　　　　　橋本良郎
発行所／株式会社ユニプラン
〒601-8213 京都府京都市南区久世中久世町1-76
TEL. 075-934-0003
FAX. 075-934-9990
振替口座／01030-3-23387
印刷所／株式会社プリントパック
ISBN978-4-89704-567-2